S

Sacré-Cœur

MONTMARTRE

Gare du Nord

La Villette

Gare de l'Est

Parc des
Buttes-Chaumont

Canal St-Martin

Place de la République

sée du
uvre

Forum
des Halles

Centre
Georges Pompidou

Cimetière du
Père-Lachaise

Notre-Dame

Ile de la Cité

QUARTIER
DU MARAIS

-des-Prés

Bd. St-Germain

Ile St-Louis   Bd. Henri IV

Sorbonne

Opéra
Bastille

Bd. Diderot

Place de la Nation

urg

Institut du
Monde Arabe

Panthéon   Jardin des Plantes   Ministère des Finances

Gare de Lyon

QUARTIER LATIN

du Montparnasse

Gare
d'Austerlitz

Palais Omnisport
de Paris-Bercy

Bois de Vincennes

Place d'Italie

Bibliothèque Nationale

Parc Montsouris

Seine

sitaire

Ça sonne bien!

Atsuko Nakamura

SURUGADAI-SHUPPANSHA

校閲：François Roussel
CD 録音：Claire Renoul, Agathe Berder, François Roussel

装丁・本文デザイン： dice
イラスト：前　英里子
写真：Sumiyo IDA (p.34 Le mont Saint-Michel, p.36 Château de Chenonceau)

はじめに

　本書は初習者を対象に，基礎文法をしっかり学び，フランス語の音に慣れ親しみながら日常の生きた発話文の習得をめざす総合教科書です．

　基礎文法の学習項目は『〈基本＋アルファ〉のフランス語文法』「基本をおさえよう」の文法項目に沿っています．

本書の構成

- **綴り字の読み方**　教科書冒頭の［1］では音読の基本となる母音字の読み方を，後半部冒頭の［2］では母音字と子音字の読み方を確認します．

- **LEÇON**　見開き2ページ（全20課）
    - **DIALOGUE**　：日常の一場面のやりとりが描かれています．
    - **GRAMMAIRE**　：簡潔な説明と例文で文法の基礎を学びます．
    - **EXPRESSIONS**　：基本となる発話文が DIALOGUE から選ばれています．
    - **CONJUGAISON**　：本書の前半は基本動詞の直説法現在形を扱い，後半ではその他の時制の活用形が提示されています．
    - **EXERCICES**　：各課で学習する文法の練習問題は CD の音を活用して練習します．これが「聞く」「話す」ための発話文の習得につながり，運用力の基礎をつくります．
    - **À DEUX**　：EXPRESSIONS にある発話文をペアで練習します．

- **BILAN**　5課ごとに，学習した内容を「聞く」「話す」「書く」練習を通して復習，応用しながら定着させます．

- **CIVILISATION**　フランスの都市がカラー写真を添えた短いテキストで紹介されています．「読む」ことで多様なフランスの姿にふれます．

　この教科書では新しい綴り（数詞，connaitre, naitre）を採用しています．

　フランス語のタイトル Ça sonne bien ! は「音の響きがすてき！」といった意味です．たくさんフランス語の音を聞き，発音して，楽しくフランス語を学習してください．

2016年 秋　　著者

目 次

アルファベと綴り字の読み方 [1]

Alphabet／綴り字の読み方／単母音字／複母音字／鼻母音／名前を伝える／挨拶／リエゾン／アンシェヌマン／エリジヨン／綴り字記号 ……… 6

Leçon 1　C'est un musée. ……… 8
- GRAMMAIRE　1. 名詞の性と数　2. 不定冠詞と定冠詞
- EXPRESSIONS　事物を提示する，入場券を買う／数詞 1〜10

Leçon 2　Je suis contente. ……… 10
- GRAMMAIRE　1. 動詞 être 直説法現在と主語人称代名詞　2. 形容詞の性・数一致と位置
- EXPRESSIONS　気持ちなどを伝える／国籍を表す形容詞

Leçon 3　Nous n'avons plus de croissants. ……… 12
- GRAMMAIRE　1. 部分冠詞　2. 動詞 avoir 直説法現在，否定文と否定の冠詞 de (d')
- EXPRESSIONS　暑い，寒いなどを伝える

Leçon 4　J'étudie le français. ……… 14
- GRAMMAIRE　1. -er 規則動詞の直説法現在　2. 疑問文　3. 疑問形容詞
- EXPRESSIONS　肯定・否定疑問文に答える　●Conjugaison aimer

Leçon 5　Je finis mon travail à 18 heures. ……… 16
- GRAMMAIRE　1. -ir 規則動詞の直説法現在　2. 指示形容詞　3. 所有形容詞
- EXPRESSIONS　待ち合わせ場所を伝える／数詞 11〜20

BILAN 1　Écouter　Parler：自己紹介　Écrire：パリ便り ……… 18

Leçon 6　Qu'est-ce qu'il fait dans la vie ? ……… 20
- GRAMMAIRE　1. 疑問代名詞　＊主語人称代名詞 on
- EXPRESSIONS　職業を伝える　●Conjugaison faire / mettre

Leçon 7　Où est-ce que vous passez vos vacances ? ……… 22
- GRAMMAIRE　1. 前置詞 à と定冠詞 le / les の縮約　2. 近接未来　3. 疑問副詞
- EXPRESSIONS　元気であることを伝える　●Conjugaison aller / partir

Leçon 8　Je viens d'acheter une chemise rose. ……… 24
- GRAMMAIRE　1. 前置詞 de と定冠詞 le / les の縮約　2. 近接過去　3. 指示代名詞
- EXPRESSIONS　出身地を伝える　●Conjugaison venir / prendre

Leçon 9　Je vous vois dimanche ……… 26
- GRAMMAIRE　1. 直接目的語・強勢形の人称代名詞　2. 命令法
- EXPRESSIONS　自宅の行き方を伝える　●Conjugaison voir / descendre

Leçon 10　Dis-lui bonjour de ma part. ……… 28
- GRAMMAIRE　1. 間接目的語の人称代名詞　2. 非人称構文
- EXPRESSIONS　天候を伝える　●Conjugaison écrire / dire

BILAN 2　Écouter　Parler：道案内　Écrire：メールの招待文 ……… 30

時刻と数詞 21〜60 32

CIVILISATION　Voyage en France 33

月・曜日と数詞 70〜100 37

綴り字の読み方 [2]　e の読み方／h の読み方／子音字の読み方／その他 38

Leçon 11　Dépêche-toi !　　　　　　　　　　　　　　　　40
- GRAMMAIRE　1. 代名動詞
- EXPRESSIONS　1日の流れを伝える　●Conjugaison s'habiller

Leçon 12　Ma mère m'a téléphoné.　　　　　　　　　42
- GRAMMAIRE　1. 直説法複合過去 (1)
- EXPRESSIONS　夏休みにしたことを伝える　●Conjugaison pouvoir / devoir

Leçon 13　Nous sommes montés à la tour Eiffel.　　44
- GRAMMAIRE　1. 直説法複合過去 (2)
- EXPRESSIONS　日曜日にしたことを伝える　●Conjugaison croire / lire

Leçon 14　Des citrons, j'en prends deux.　　　　　　46
- GRAMMAIRE　1. 中性代名詞 en, y
- EXPRESSIONS　兄弟の有無を伝える　●Conjugaison vouloir / savoir

Leçon 15　Quelle est la meilleure saison ?　　　　　48
- GRAMMAIRE　1. 比較級（形容詞，副詞）　2. 最上級（形容詞，副詞）
- EXPRESSIONS　季節を伝える　●Conjugaison connaitre / courir

BILAN 3　Écouter　Parler: 観光案内所　Écrire: ニース滞在日記 50

Leçon 16　L'été, j'allais à la mer.　　　　　　　　　52
- GRAMMAIRE　1. 直説法半過去　2. 直説法大過去
- EXPRESSIONS　高校時代の活動を伝える　●Conjugaison avoir / être 半過去

Leçon 17　Quelle est la région que tu aimes le plus ?　54
- GRAMMAIRE　1. 関係代名詞 qui / que / dont / où
- EXPRESSIONS　生誕地などを尋ねる　●Conjugaison offrir / recevoir

Leçon 18　Tu viendras avec nous.　　　　　　　　　56
- GRAMMAIRE　1. 直説法単純未来　2. 受動態
- EXPRESSIONS　卒業後の進路を伝える　●Conjugaison avoir / être 単純未来

Leçon 19　J'aimerais bien avoir une maison.　　　　58
- GRAMMAIRE　1. 条件法現在　2. ジェロンディフと現在分詞
- EXPRESSIONS　仮定の事柄を伝える　●Conjugaison pouvoir / vouloir 条件法現在

Leçon 20　Tu veux qu'on aille à Strasbourg ?　　　60
- GRAMMAIRE　1. 接続法現在　2. 強調構文
- EXPRESSIONS　要望を伝える　●Conjugaison avoir / être 接続法現在

BILAN 4　Écouter　Parler: 町の紹介　Écrire: グリーティングカード 62

アルファベと綴り字の読み方 [1]

② Alphabet

A a	B b	C c	D d	E e	F f	G g	H h	I i
[ɑ]	[be]	[se]	[de]	[ə]	[ɛf]	[ʒe]	[ɑʃ]	[i]

J j	K k	L l	M m	N n	O o	P p	Q q	R r
[ʒi]	[kɑ]	[ɛl]	[ɛm]	[ɛn]	[o]	[pe]	[ky]	[ɛ:r]

S s	T t	U u	V v	W w	X x	Y y	Z z
[ɛs]	[te]	[y]	[ve]	[dubləve]	[iks]	[igrɛk]	[zɛd]

③ 綴り字の読み方

(1) 語末の子音字は発音しない．　　　　　Paris　grand　prix　lit
　　（ただし，c, f, l, r は発音することが多い．）parc　chef　animal　bonjour
(2) 語末の e は発音しない．　　　　　　　vie　vue
(3) h は発音しない．　　　　　　　　　　hôtel　thé

◆ 単母音字

a	i	u	e	o
[a/ɑ ア]	[i イ]	[y ユ]	[ə ウ]	[o/ɔ オ]
	y		é è ê	
	[i イ]		[e/ɛ エ]	

gare　amical　culture　type　numéro　système　fête　menu

◆ 複母音字

ai / ei [e/ɛ エ]　　au / eau [o/ɔ オ]　　eu / œu [ø/œ ウ]　　ou [u ウ]　　oi [wa オワ]

café au lait　bureau　jeune　sœur　la tour Eiffel　beaucoup　voiture

◆ 鼻母音

im / in / ym / yn　　[ɛ̃ アン]　　　　　　am / an　　[ɑ̃ オン]*
aim / ain / eim / ein　　　　　　　　　　em / en
vin　symbole　pain　peinture　　　　　chambre　France　ensemble

um / un　　[ɛ̃/œ̃ アン]　　　　　　　　om / on　　[ɔ̃ オン]
parfum　lundi　　　　　　　　　　　　nom　Japon　oncle

＊発音記号 [ɑ̃] の辞書のカタカナ表記 [アン] は，聞こえる音に近い [オン] で表記．

4 名前を伝える

Éric : Bonjour. Je m'appelle Éric Dumont. Et vous ?
Nanako : Moi, je m'appelle Nanako Kato.
Éric : Enchanté.
Nanako : Enchantée.

挨拶

Bonjour madame.　Bonjour monsieur.　Bonsoir.　Salut.
Merci.
Pardon.
Au revoir.　À demain.　À bientôt.

◆ リエゾン

発音しない語末の子音字は，次の語が母音のとき発音し，この母音とひとつの音で発音する．

un hôtel　　　　les amis　　　　les hommes　　　ils ont
[ɛ̃notɛl アンノテル]　[lezami レザミ]　[lezɔm レゾム]　[ilzɔ̃ イルゾン]

◆ アンシェヌマン

発音する語末の子音字は，次の語の母音とひとつの音で発音する．

une école　　　　il est　　　　　il habite
[ynekɔl ユネコル]　[ilɛ イレ]　　[ilabit イラビットゥ]

◆ エリジヨン

le, **la**, **ce**, **je**, **ne**, **de**, **que**, **me**, **te**, **se** は，次の語が母音，無音の h のとき，e, a を省略してアポストロフで示し，この母音とひとつの音で発音する． ce est → c'est [sɛ セ]

＊si → s'il, s'ils, ただし si elle, si elles

綴り字記号

café	アクサン・テギュ	leçon	セディーユ
mère	アクサン・グラーヴ	l'école	アポストロフ
forêt	アクサン・シルコンフレックス	Noël	トレマ
grand-père	トレ・デュニオン（ハイフン）		

Leçon 1

C'est un musée. ⑤

Éric : Voilà la Seine.

Nanako : Il y a une gare là-bas.

Éric : Non, c'est un musée. C'est le musée d'Orsay.

　　　…………………

Éric : Deux billets, s'il vous plaît.

L'employée : Voilà.

GRAMMAIRE

1. 名詞の性と数

| 男性名詞 | 単数 | garçon | musée | 複数 | garçons | musées |
| 女性名詞 | 単数 | fille | gare | 複数 | filles | gares |

名詞は男性名詞と女性名詞の区別がある．複数形は s をつけるが発音しない．

2. 不定冠詞と定冠詞

不定冠詞	定冠詞	
un	le (l')*	男性名詞単数
une	la (l')*	女性名詞単数
des	les	複数名詞

un musée　　le musée　　(le) l'hôtel
une gare　　la gare　　(la) l'école
des musées　les musées　les hôtels
des gares　　les gares　　les écoles

*定冠詞 le, la はエリジヨンする．

（用法）不定冠詞は不特定のものを表す．
　　　　定冠詞は特定されたもの，ひとつしかないものを表す．

⑥ EXPRESSIONS ////////////////

c'est ＋ 単数名詞　　　　　　　　　これ〔それ，あれ〕は〜です．
ce sont ＋ 複数名詞　　　　　　　　これら〔それら，あれら〕は〜です．
voici / voilà ＋ 単数・複数名詞　　ここ／そこに〜があります〔います〕，ほら〜です．
il y a ＋ 単数・複数名詞　　　　　〜があります〔います〕．
Un billet [deux billets], s'il vous plaît. 入場券を1枚[2枚]ください．

7 数詞

1	un (une)	6	six
2	deux	7	sept
3	trois	8	huit
4	quatre	9	neuf
5	cinq	10	dix

EXERCICES

8 CDを聞いて冠詞を書き取り，完成した文を訳しましょう．

(1) Il y a _____ sac.　　　　　　C'est _____ sac de Sophie.
　　Il y a _____ valise.　　　　　C'est _____ valise de Pierre.
　　Il y a _____ bagages.　　　　Ce sont _____ bagages de Paul.

(2) Voici Éric, _____ ami.
　　Voici Cécile, _____ amie.
　　Voici Éric et Cécile, _____ amis.

(3) Voilà _____ hôtel Nikko.　　　　Voilà _____ Quartier latin.
　　Voilà _____ gare Montparnasse.　Voilà _____ tour Eiffel.
　　Voilà _____ office de tourisme.　Voilà _____ Invalides.

(4) _____ ticket, s'il vous plaît.
　　_____ billet, s'il vous plaît.
　　_____ entrée, s'il vous plaît.

À DEUX

A / B は相手に日本語で数を指定して「入場券を〜枚ください」を伝え，B / A はこれをフランス語で言いましょう．

A / B：(日本語) _____　　　B / A：(フランス語) _____

Leçon 2

Je suis contente.

Nanako : Je suis un peu fatiguée, mais très contente. Les tableaux* sont beaux*, les couleurs sont vives…
Le musée d'Orsay est vraiment intéressant.

Éric : Ici, il y a aussi un bon restaurant français !

Nanako : C'est super !

*-eau で終わるつづりは x をつけて複数形にする．

GRAMMAIRE

1. 動詞 être 直説法現在と主語人称代名詞

être「〜である，〜にいる」直説法現在 (現在の行為，事柄を伝える)

je **suis**	nous **sommes**	je (j')	私は	nous	私たちは
tu **es**	vous **êtes**	tu	君は	vous	あなた (方) は，君たちは
il **est**	ils **sont**	il	彼は／それは	ils	彼らは／それらは
elle **est**	elles **sont**	elle	彼女は／それは	elles	彼女たちは／それらは

親しい相手 1 人には **tu** を，そうでない場合は **vous** を用いる．複数形はどちらも **vous** である．

2. 形容詞の性・数一致と位置

形容詞は修飾する名詞や代名詞の**性**（男性・女性）と**数**（単数・複数）に一致させる．e をつけて女性形，s をつけて複数形にする．

un sac *noir*　des sacs *noirs*　une valise *noire*　des valises *noires*

je suis *content(e)*, tu es *content(e)*, il est *content*, elle est *contente*, nous sommes *content(e)s*
vous êtes *content(e)(s)*, ils sont *contents*, elles sont *contentes*

形容詞は**名詞の後ろ**に置くのが原則．ただし，petit, bon, beau などは名詞の前に置く．

un restaurant *français*　un *bon* restaurant

EXPRESSIONS

（男性）Je suis *fatigué*.　　（女性）Je suis *fatiguée*.　　私は疲れた．
（男性）Je suis *content*.　　（女性）Je suis *contente*.　　私はうれしい．
（男性に）Vous êtes *gentil*.　（女性に）Vous êtes *gentille*.　あなたは親切です．

12 国籍を表す形容詞

japonais(e)	日本（人）の
français(e)	フランス（人）の
américain(e)	アメリカ（人）の
allemand(e)	ドイツ（人）の
anglais(e)	イギリス（人）の
italien(ne)	イタリア（人）の
canadien(ne)	カナダ（人）の
chinois(e)	中国（人）の

EXERCICES

13　CDを聞いてêtreの現在形と下欄の形容詞を正しい形で書き，完成した文を訳しましょう．

(1) Je suis ＿＿＿＿．　　　　　Je ＿＿＿＿＿．
　　Il est ＿＿＿＿．　　　　　 Elle ＿＿＿＿＿．
　　Ils sont ＿＿＿＿．　　　　Elles ＿＿＿＿＿．
　　Tu es ＿＿＿＿．　　　　　Tu ＿＿＿＿＿．
　　　　[japonais　français　italien　gentil]

(2) C'est un livre ＿＿＿＿．　　　　C'est une étudiante ＿＿＿＿．
　　Ce sont des films ＿＿＿＿．　　C'est une ＿＿＿＿ chambre.
　　Il y a un ＿＿＿＿ restaurant.　　Il y a des chats ＿＿＿＿．
　　　　[américain　bon　anglais　intéressant　noir　petit]

(3) C'est un ＿＿＿＿ tableau.
　　C'est un ＿＿＿＿ appartement.
　　C'est une ＿＿＿＿ chanson.
　　C'est un ＿＿＿＿ hôtel.
　　C'est une ＿＿＿＿ couleur.

beau	男性名詞単数
bel	母音，無音のhの男性名詞単数
belle	女性名詞単数

À DEUX

A / Bは相手に日本語で「私は疲れている〔うれしい〕／あなたは親切だ」を伝え，B / Aはこれをフランス語で言いましょう．

A / B：(日本語) ＿＿＿＿＿＿　　B / A：(フランス語) ＿＿＿＿＿＿

Leçon 3 : Nous n'avons plus de croissants.

Nanako a faim. À la maison, il y a du beurre, du jambon et de la viande, mais il n'y a pas de pain.

Chez le boulanger.

Nanako : Bonjour monsieur, une baguette et deux croissants, s'il vous plaît.

Le boulanger : Désolé, mais nous n'avons plus de croissants.

Nanako : Bon, alors une baguette seulement.

Le boulanger : Oui, madame. Voilà.

Nanako : Merci.

GRAMMAIRE

1. 部分冠詞

名詞が表すものを数ではなく，量でとらえて伝える冠詞．

du	男性名詞	du pain	du café
de la	女性名詞	de la viande	de la monnaie
de l'	母音，無音のh の男性名詞・女性名詞	de l'argent	de l'eau

2. 動詞 avoir 直説法現在，否定文と否定の冠詞 de (d')

avoir「〜を持っている」

j'	ai	nous	avons
tu	as	vous	avez
il	a	ils	ont
elle	a	elles	ont

avoir の否定形　ne(n')＋動詞＋pas

je	n'ai	pas	nous	n'avons	pas
tu	n'as	pas	vous	n'avez	pas
il	n'a	pas	ils	n'ont	pas
elle	n'a	pas	elles	n'ont	pas

直接目的語につく不定冠詞と部分冠詞は否定文では de (d') になる．

Nous avons *des croissants*. → Nous n'avons pas *de croissants*.

EXPRESSIONS

J'ai soif [faim / chaud / froid].　　私はのどが渇いた〔空腹だ／暑い／寒い〕．
Je *n'ai pas* froid.　　寒くない．　　Je *n'ai plus* faim.　　もうおなかはすいていない．
Il *n'y a pas* d'eau.　　水がない．　　Il *n'y a plus de* pain.　　もうパンがない．

EXERCICES

17 CDを聞いて冠詞または主語とavoirの現在形を書き，完成した文を訳しましょう．

(1) Voici _____ melon.　　　　Voici _____ melon.
　　Voici _____ pain de campagne.　Voici _____ pain.

(2) J'ai _____ monnaie.　　　Je n'ai pas _____ monnaie.
　　J'ai _____ argent sur moi.　Je n'ai pas _____ argent sur moi.

(3) Il y a _____ café et _____ thé.
　　Il y a _____ poisson et _____ viande.
　　Il n'y a plus _____ vin.
　　Il y a _____ beurre et _____ confiture.
　　Il n'y a plus _____ fromage.
　　_____ eau, s'il vous plaît.

(4) _____ du courage.　　　　_____ de la chance !
　　_____ rien.　　　　　　　_____ personne.

À DEUX

A / B は相手に日本語で「もうパン〔水〕がない」「私は空腹だ〔のどが渇いた〕」と伝え，B / A はこれをフランス語で言いましょう．

A / B：(日本語) _____　　B / A：(フランス語) _____

Leçon 4 — J'étudie le français.

Éric : Voici Nanako. Elle habite à Paris depuis un an.
Cécile : Bonjour. Vous êtes étudiante ?
Nanako : Oui. J'étudie le français. Et vous ?
Cécile : Moi, je travaille dans une pâtisserie.
Nanako : Ah bon ! J'adore les* gâteaux.
Cécile : Quels gâteaux aimez-vous, par exemple ?
Nanako : Les* madeleines et les* mille-feuilles.
Cécile : Est-ce que vous n'aimez pas les* éclairs ?
Nanako : Si, bien sûr.

*定冠詞は対象となる種類全体を表す．

GRAMMAIRE

1. -er 規則動詞の直説法現在

chant*er*「歌う」

je chant*e*		nous chant*ons*	
tu chant*es*		vous chant*ez*	
il chant*e*		ils chant*ent*	
elle chant*e*		elles chant*ent*	

語幹：原形の -er の前まで
語尾：-e, -es, -e, -ons, -ez, -ent

2. 疑問文

(1) イントネーションによる．　　　Vous êtes japonais ?
(2) 文頭に est-ce que / est-ce qu' をつける．　Est-ce que vous êtes japonais ?
(3) 主語と動詞を倒置する．　　　Êtes-vous japonais ?

3. 疑問形容詞

	男性	女性
単数	quel	quelle
複数	quels	quelles

関係する名詞の性・数に一致する形を用いて
その名詞の内容が「何」であるかをたずねる．

Quels gâteaux aimez-vous ?

EXPRESSIONS

Tu aimes le cinéma ? 映画好き？
— Oui, beaucoup. はい，とても．
— Non, pas beaucoup. いいえ，あんまり．

Tu n'aimes pas le cinéma ? 映画好きじゃないの？
— Si, un peu. いいえ，少し (好きである)．
— Non, pas du tout. はい，全然 (好きではない)．

Conjugaison

◀ **aimer**「〜を好む，愛する」▶

j'	aime	nous	aimons
tu	aimes	vous	aimez
il	aime	ils	aiment
elle	aime	elles	aiment

EXERCICES

21 CDを聞いて動詞の現在形，疑問形容詞を書き，完成した文を訳しましょう．

(1) Elle _____ dans une banque. (travailler)

Nous _____ le français. (étudier)

Il _____ à Paris. (habiter)

Marie et Sophie _____ une chanson japonaise. (chanter)

Elle _____ bien. (danser)

Les enfants _____ la télévision. (regarder)

Vous _____ japonais ? — Oui, un peu. (parler)

Tu n'_____ pas la musique ? — Si, beaucoup. (aimer)

(2) _____ musique écoutez-vous ?

_____ films aimez-vous ?

_____ est le problème ?

_____ sont les conditions de travail ?

À DEUX

A / B はフランス語で相手に「映画／音楽／ケーキが好きであるか」を尋ね，B / A はこれに答えましょう．

A / B : _____   B / A : _____

Leçon 5 — Je finis mon travail à 18 heures.

Éric : Paul fête son anniversaire ce soir. Nous choisissons ensemble un cadeau pour lui ?

Cécile : Oui. Tu as une idée ?

Éric : Des fleurs ? Un bouquet de roses rouges et jaunes !

Cécile : Ce n'est pas mal. Je finis mon travail à 18 heures. Alors, rendez-vous devant mon magasin ?

Éric : D'accord.

GRAMMAIRE

1. -ir 規則動詞の直説法現在

fin*ir*「〜を終える，終わる」

je fin*is*	nous fin*issons*	語幹：原形の -ir の前まで
tu fin*is*	vous fin*issez*	語尾：-is, -is, -it, -issons, -issez, -issent
il fin*it*	ils fin*issent*	
elle fin*it*	elles fin*issent*	

2. 指示形容詞（この，その，あの）

ce 男性名詞単数 （cet 母音，無音の h の 男性名詞単数 ）　cette 女性名詞単数　ces 複数名詞

3. 所有形容詞

	男性単数	女性単数	男性・女性複数
私の	mon	ma	mes
君の	ton père	ta mère	tes parents
彼の／彼女の	son (école*)	sa	ses
私たちの		notre	nos
あなた（方）の／君たちの		votre père / mère	vos parents
彼らの／彼女たちの		leur	leurs

*母音，無音の h で始まる女性名詞単数は ma / ta / sa を使わずに mon / ton / son を使う．

EXPRESSIONS

Rendez-vous devant le cinéma [le magasin] / *dans* le café.
映画館［店］の前で／カフェで待ち合わせ．

数詞

11	onze	16	seize
12	douze	17	dix-sept
13	treize	18	dix-huit
14	quatorze	19	dix-neuf
15	quinze	20	vingt

EXERCICES

26 CD を聞いて所有形容詞，指示形容詞，finir の現在形を書き，完成した文を訳しましょう．

(1) Je choisis _____ sac.
　　Je choisis _____ robe.
　　Je choisis _____ chaussures.

(2) Cécile choisit _____ chapeau.　　Éric choisit _____ pantalon.
　　Cécile choisit _____ jupe.　　　Éric choisit _____ veste.
　　Cécile choisit _____ lunettes.　Éric choisit _____ lunettes.

(3) Je _____ mes devoirs _____ soir.
　　Tu _____ tes devoirs _____ après-midi ?
　　Est-ce que vous _____ vos études _____ année ?

(4) C'est _____ professeur de français.
　　_____ passeport, s'il vous plaît. — Voilà.
　　Voilà _____ carte d'étudiant.

À DEUX

A / B は相手に日本語で「待ち合わせの場所（映画館の前／店の前／カフェの中）」を伝え，B / A はこれをフランス語で言いましょう．

A / B :（日本語）_____　　B / A :（フランス語）_____

BILAN 1

1 (1)〜(4) をそれぞれ 2 回ずつ聞き，適切な応答を ①，② から選びましょう．

(1) ① Oui, un peu. ② Si, beaucoup.
(2) ① À Paris. ② D'accord.
(3) ① Les films américains. ② Les gâteaux français.
(4) ① Non, mais j'ai soif. ② Oui, de l'eau, s'il te plaît.

2 (1)〜(4) をそれぞれ 2 回ずつ聞き，ふさわしい絵を①，②から選びましょう．

(1) ① ② (2) ① ②

(3) ① ② (4) ① ②

3 1〜20 までの数字を用いて年齢の言い方を練習しましょう．

Il a quel âge ? — Il a un an / deux ans / trois ans / quatre ans / cinq ans / six ans / sept ans / huit ans / neuf ans / dix ans.

Tu as quel âge ? — J'ai onze ans / douze ans / treize ans / quatorze ans / quinze ans / seize ans / dix-sept ans / dix-huit ans / dix-neuf ans / vingt ans.

4 (1)〜(4) をそれぞれ 2 回ずつ聞き，聞きとった数を下線部に算用数字で書きましょう．

(1) _____ (2) _____
(3) _____ (4) _____

◆ 次の自己紹介文を参考に，あなた自身を紹介しましょう．

Je m'appelle Akiko Sato. Je suis étudiante. J'étudie le français. J'habite à Tokyo avec ma famille. J'aime la musique, mais je n'aime pas beaucoup le sport. J'adore les gâteaux.

Je m'appelle _____
_____
_____

◆ パリから両親に絵葉書を書きましょう．

　ママとパパへ

私はパリにいます．とても美しい町です．私はここでとても満足しています．
きょうはカルチエラタンを訪れます．レストランで昼食をとり，パリのおみやげを選びます．
ではまた．
　ナナコ

Chère Maman, Cher Papa,
_____ à _____.
C'est une _____ ville.
_____ ici.
Aujourd'hui, _____ le
Quartier latin.
_____ dans _____ et _____
_____ des souvenirs de
_____.
À bientôt,
Nanako

visiter, déjeuner

Leçon 6

Qu'est-ce qu'il fait dans la vie ?

Éric : On met de la musique ?

Cécile : Oui… Tiens, qu'est-ce que c'est ?

Éric : C'est une photo de Nanako.

Cécile : C'est qui, ce garçon à côté de Nanako ?

Éric : C'est son copain.

Cécile : Qu'est-ce qu'il fait dans la vie ?

Éric : Il est cuisinier. Son restaurant n'est pas loin d'ici.

Cécile : Alors, ce soir, on* dîne dans son restaurant ?

Éric : Bonne idée !

*on「人は」「私たちは」を表す主語．活用形は 3 人称単数．

GRAMMAIRE

1. 疑問代名詞

「誰」「何」をたずねる疑問詞　　　　　　　　　　　　　　　S：主語　V：動詞

人	主語 誰が	直接目的・属詞 誰を・誰	（前置詞と共に）間接目的・状況補語 誰に・誰と・誰について…
	qui+v qui est-ce qui+v	qui+v+s qui est-ce que+s+v	前置詞+qui+v+s 前置詞+qui est-ce que+s+v
	Qui chante ? Qui est-ce qui chante ?	Qui aimez-vous ? Qui est-ce ?	À qui téléphonez-vous ? Avec qui est-ce que tu dînes ?

事物	主語 何が	直接目的・属詞 何を・何	（前置詞と共に）間接目的・状況補語 何に・何と・何について…
	qu'est-ce qui+v	que+v+s qu'est-ce que+s+v	前置詞+quoi+v+s 前置詞+quoi est-ce que+s+v
	Qu'est-ce qui arrive ?	Que faites-vous ? Qu'est-ce que c'est ?	À quoi pensez-vous ? De quoi est-ce que tu parles ?

EXPRESSIONS

Qu'est-ce que vous faites dans la vie ? — Je suis étudiant(e). / Je travaille dans un magasin [dans la mode / dans la finance / dans l'informatique].

Conjugaison

▸ **faire**「〜をする，作る」◂

je	fais	nous	faisons [f]
tu	fais	vous	faites
il	fait	ils	font
elle	fait	elles	font

▸ **mettre**「〜を置く，着る，入れる」◂

je	mets	nous	mettons
tu	mets	vous	mettez
il	met	ils	mettent
elle	met	elles	mettent

EXERCICES

34 CD を聞いて疑問代名詞，faire，mettre の現在形を書き，完成した文を訳しましょう．

(1) _____ chante ? — C'est moi.

_____ est-ce ? — C'est Olivier, mon frère.

_____ cherchez-vous, madame ? — Je cherche ma fille.

Avec _____ est-ce que tu déjeunes ? — Avec des amis.

(2) _____ c'est ? — C'est un cadeau pour une amie.

_____ faites-vous dans la vie ? — Je suis médecin.

_____ tu mets pour sortir ? — Je mets cette robe.

De _____ est-ce qu'il parle ? — Il parle d'un accident de voiture.

(3) Éric et Cécile _____ les courses.

Je _____ la cuisine.

Je ne _____ pas de sucre dans mon café.

Elle _____ des fleurs dans le vase.

👥 À DEUX 👥

A / B は相手にフランス語で「職業」を尋ね，B / A はこれに答えましょう．

A / B : _____   B / A : _____

Leçon 7 — Où est-ce que vous passez vos vacances ?

Paul : Bonjour, Cécile. Comment ça va ?
Cécile : Ça va. Je vais bientôt partir en vacances avec Éric.
Paul : Où est-ce que vous passez vos vacances ?
Cécile : À la montagne. Nous allons dans les Alpes.
Paul : Vous restez combien de temps ?
Cécile : Trois semaines. Et toi, quand est-ce que tu pars ?
Paul : Au mois de septembre. L'été, je travaille au marché aux vins. Alors, bonnes vacances !
Cécile : Toi aussi.

GRAMMAIRE

1. 前置詞 à と定冠詞 le / les の縮約

Je vais **au** (à le) cinéma.　　Il va **au** Japon.
Je vais à la gare.　　　　　　　Il va **en** * France.
Je vais à l'école.　　　　　　　Il va **en** *Angleterre.
Je vais **aux** (à les) toilettes.　Il va **aux** États-Unis.

*女性名詞の国名では à la ではなく en を用いる．

2. 近接未来

⟨aller＋不定詞⟩　「これから～する」　Je **vais partir**.

3. 疑問副詞

quand	いつ	**Quand** est-ce que tu pars ? — Au mois de septembre.
où	どこ	**Où** passez-vous vos vacances ? — À la montagne.
comment	どのように	**Comment** vas-tu ? — Je vais bien.
combien	どれだけ	Vous restez **combien** de temps ? — Une semaine.
pourquoi	なぜ	**Pourquoi** est-ce que tu ne pars pas ? — Parce que j'ai beaucoup de travail.

EXPRESSIONS

Comment allez-vous ? / *Comment* vas-tu ? — Je vais bien, merci.
Comment ça va ? — Ça va (bien).
Comment va ton père [ta mère] ? — Il [Elle] va bien.

Conjugaison

◄ **aller**「行く」►

je vais	nous allons
tu vas	vous allez
il va	ils vont
elle va	elles vont

◄ **partir**「出発する」►

je pars	nous partons
tu pars	vous partez
il part	ils partent
elle part	elles partent

EXERCICES

CD を聞いて疑問副詞，aller, partir の現在形，前置詞 à と定冠詞の正しい形を書き，完成した文を訳しましょう．

(1) _____ allez- vous ? — Je _____ bureau.
_____ est-ce que vous allez ? — Nous _____ bibliothèque.
Tu vas _____ ? — Je _____ hôpital.
Ils _____ ? — Ils _____ université.
Elle _____ ? — Elle _____ États-Unis.

(2) _____ est-ce que tu rentres à la maison ? — Vers 20 heures.
_____ allez-vous à Londres ? — En train.
_____ coûte le billet Paris-Londres ? — 56 euros.
_____ est-ce que tu ne sors pas ce soir ? — Parce que je travaille.

(3) Vous _____ en voyage ?
Monsieur et madame Legrand _____ pour le Japon.
Je _____ en France cet été.

À DEUX

A / B は相手にフランス語で「君は元気か／君の父親〔母親〕は元気か」を尋ね，B / A はこれに答えましょう．

A / B : _____   B / A : _____

Leçon 8 — Je viens d'acheter une chemise rose.

Nanako : Bonjour. Je cherche une cravate pour offrir.

La vendeuse : De quelle couleur ?

Nanako : Je viens d'acheter une chemise rose. Est-ce que le bleu va bien avec le rose ?

La vendeuse : Certainement. Nous avons trois modèles en bleu. Celui-ci est en polyester, celui-là en coton. Celui du mannequin est en soie.

Nanako : Je prends celui du mannequin.

La vendeuse : Entendu.

GRAMMAIRE

1. 前置詞 de と定冠詞 le / les の縮約

J'habite près **du** (de le) bureau.　　Il vient **du** Japon.

J'habite près de la gare.　　Il vient **de** *France.

J'habite près de l'école.　　Il vient **d'** *Angleterre.

J'habite près **des** (de les) magasins.　Il vient **des** États-Unis.

＊女性名詞の国名では定冠詞を省略する．

2. 近接過去

〈venir de (d')＋不定詞〉　「〜したところである」 Il **vient d'**arriver.

3. 指示代名詞

男性・単数 **celui**　女性・単数 **celle**　男性・複数 **ceux**　女性・複数 **celles**

（用法）(1) 既出の名詞の代わりとなり，前置詞 de をともなって説明を加える．

　　　　　C'est ton vélo ? — Non, c'est **celui de** Thomas.

　　　(2) 既出の名詞の代わりとなり，-ci, -là をつけて 2 つのものを区別する．

　　　　　Voici deux cravates bleues : **celle-ci** est en soie et **celle-là** est en coton.

EXPRESSIONS

D'où venez-vous ? — Je viens *du* Japon / *du* Canada / *de* Kyoto / *de* Paris.

D'où viens-tu ? — Je viens *de* France / *d'*Italie / *d'*Allemagne / *de* Chine.

D'où vient-il [elle] ? — Il [Elle] vient *des* États-Unis.

Conjugaison

◀ **venir**「来る」▶

je	viens	nous	venons
tu	viens	vous	venez
il	vient	ils	viennent
elle	vient	elles	viennent

◀ **prendre**「〜をとる，乗る，買う」▶

je	prends	nous	prenons
tu	prends	vous	prenez
il	prend	ils	prennent
elle	prend	elles	prennent

EXERCICES

CD を聞いて venir, prendre の現在形，前置詞 de と定冠詞の正しい形，指示代名詞を書き，完成した文を訳しましょう．

(1) D'où venez-vous ? — Je _____ Canada.
　　D'où est-ce que vous venez ? Nous _____ États-Unis.
　　Tu viens d'où ? — Je _____ France.
　　Ces bouteilles de vin _____ Italie.
　　Le film _____ de commencer.

(2) Je _____ la jupe en vert.
　　Vous _____ le foulard du mannequin ?
　　Nous _____ le métro pour aller au bureau.

(3) Ce sac rouge est à Cécile ? — Non, c'est _____ de Catherine.
　　Cette voiture blanche est à toi ? — Non, c'est _____ de mon père.
　　Tu prends ces chaussures ? — Non, je prends _____ de la vitrine.
　　Voilà des gants noirs. _____-ci sont en cuir et _____-là sont en laine.

À DEUX

A / B は相手にフランス語で「出身地」を尋ね，B / A はこれに答えましょう．

A / B : _____　　B / A : _____

Leçon 9 — Je vous vois dimanche.

Nanako : Allô, Éric ? C'est moi, Nanako. Tu m'entends ?

Éric : Oui ! Bonjour Nanako. Quand est-ce que tu viens nous voir ?

Nanako : Je vous vois dimanche. Ça va ?

Éric : Pas de problème.

Nanako : Et comment est-ce qu'on fait pour aller chez toi ?

Éric : Écoute-moi bien. Prends le bus 38 et descends à Alésia. Attends-moi à l'arrêt. Je viens te chercher.

Nanako : D'accord. À dimanche.

GRAMMAIRE

1. 直接目的語・強勢形の人称代名詞

主語	je (j')	tu	il	elle	nous	vous	ils	elles
直接目的語	me (m')	te (t')	le (l')	la (l')	nous	vous	les	
強勢形	moi	toi	lui	elle	nous	vous	eux	elles

直接目的語の代名詞はその名詞が直接目的語となる動詞の前に置く．

Tu vois **tes amis** (直接目的語) ? — Oui, je **les** vois dimanche. ◆Attends-**moi** (~~me~~).

強勢形　**Lui**, *il* est japonais. *C'est* **moi**. Comment fait-on pour aller *chez* **toi** ?

2. 命令法

直説法現在 tu / nous / vous の活用形から主語をとる．

	descendre	écouter	être	avoir 否定命令形
(tu に対して)	Descends	Écoute*	Sois	N'aie pas
(nous に対して)	Descendons	Écoutons	Soyons	N'ayons pas
(vous に対して)	Descendez	Écoutez	Soyez	N'ayez pas

Descends à Alésia. **Écoute**-moi. *命令法では tu の活用語尾 -es の s はとる．

EXPRESSIONS

Comment est-ce qu'on fait pour aller chez toi ?

— *Prends* la ligne [le bus] ＿＿＿＿＿. *Descends* à ＿＿＿＿＿. *Attends*-moi à la gare [la station / l'arrêt]. Je viens te chercher.

Conjugaison

voir「〜に会う，見える，わかる」

je vois	nous voyons
tu vois	vous voyez
il voit	ils voient
elle voit	elles voient

descendre「降りる」

je descends	nous descendons
tu descends	vous descendez
il descend	ils descendent
elle descend	elles descendent

EXERCICES

43 CDを聞いて直接目的語と強勢形の代名詞，命令形を書き，完成した文を訳しましょう．

(1) Nanako, je _____ présente à mes amis.

Où est-ce que je _____ attends ? — Attends -_____ à la station.

Tu vas voir tes grands-parents ? — Oui, je vais _____ voir chez _____.

Cette jupe est très jolie. Je _____ prends.

Où est ma clé ? Je ne _____ trouve pas.

Il _____ accompagne à la gare.

(2) _____ cette route. (continuer)

_____ la ligne Yamanoté et _____ à la gare de Tokyo.

C'est un moment difficile. _____ du courage !

_____ gentils avec _____.

Léo, n'_____ pas peur. Ce chien n'est pas méchant.

Ne _____ pas à la maison. (rester)

À DEUX

A / B は相手にフランス語で「自宅への行き方」を尋ね，B / A は次のように答えましょう．

A / B : _____

B / A : Prends ____. Descends à ____. Attends-moi à ____. Je viens te chercher.

Leçon 10　Dis-lui bonjour de ma part.

Un concours de pâtissiers a lieu à Lyon.

Éric : Cécile, il faut partir. Il est déjà neuf heures.

Cécile : Je suis prête. Ah, il fait beau aujourd'hui. C'est agréable de voyager.

À la gare de Lyon à Paris.

Éric : Écris-moi un mail.

Cécile : Je te téléphone pour te donner le résultat. Et après le concours, je vais voir ma mère.

Éric : Dis-lui bonjour de ma part. Alors, bon voyage !

GRAMMAIRE

1. 間接目的語の人称代名詞

主語	je (j')	tu	il	elle	nous	vous	ils	elles
間接目的語	me (m')	te (t')	lui		nous	vous	leur	

間接目的語の代名詞はその名詞が間接目的語になる動詞の前に置く．

　Quand est-ce que tu téléphones **à Éric** (間接目的語)? — Je **lui** téléphone ce soir.

2. 非人称構文

行為の主体がいないことを表す非人称主語 il を用いる構文

（用法）(1) 非人称主語の活用だけをもつ非人称動詞

　　　　Il faut partir.　　　　**Il faut** un ticket [une heure]. (falloir)

　　　il faut ＋不定詞：〜しなければならない　　il faut ＋名詞：〜が必要である

　　　　Il pleut. (pleuvoir)　　**Il neige.** (neiger)

　　　(2) 非人称主語を用いて非人称構文をつくる一般動詞

　　　　Il fait beau. (faire)　　**Il y a** du vent. (avoir)

　　　　Il est neuf heures. (être)　　**Il est** [c'est] interdit de fumer ici. (être)

EXPRESSIONS

Quel temps *fait-il* aujourd'hui ?　— *Il fait* beau [mauvais / chaud / froid].

　　　　　　　　　　　　　　　　— *Il pleut* [neige].

　　　　　　　　　　　　　　　　— *Il y a* du vent [des nuages].

Conjugaison

◀ écrire 「書く」▶

j'	écris	nous	écrivons
tu	écris	vous	écrivez
il	écrit	ils	écrivent
elle	écrit	elles	écrivent

◀ dire 「言う」▶

je	dis	nous	disons
tu	dis	vous	dites
il	dit	ils	disent
elle	dit	elles	disent

EXERCICES

46 CD を聞いて間接目的語の代名詞，非人称構文，écrire, dire の現在形を書き，完成した文を訳しましょう．

(1) Je ____ téléphone à quelle heure ? — Téléphone -____ vers huit heures du soir.
Éric vient à la fête ? — Je vais _____ demander.
Je vais voir Marie et Sophie. — Alors, dis -_____ bonjour de ma part.
Qu'est-ce que vous _____ conseillez comme boisson ? — Un bordeaux.
Je _____ donne mon adresse courriel.

(2) Quel temps fait-il ? — _____ ne _____ pas beau aujourd'hui.
Il pleut encore ? — Non, _____ ne _____ plus.
_____ interdit de stationner ici.
_____ beaucoup de monde. _____ faire la queue.

(3) _____ votre nom ici.
_____ la vérité.
Comment _____-on « merci » en japonais ?

À DEUX

A / B は相手にフランス語で「きょうの天候」を尋ね，B / A はこれに答えましょう．

A / B : _____   B / A : _____

BILAN 2

🟢 **1** (1)〜(5) をそれぞれ2回ずつ聞き，適切な応答を ①，② から選びましょう．

(1) ① C'est Émilie. ② C'est mon livre.
(2) ① Il est japonais. ② Il est étudiant.
(3) ① C'est un cadeau pour ma mère. ② C'est son copain.
(4) ① Avec mes amis. ② Avec du pain.
(5) ① On parle d'un accident de voiture. ② On parle en français.

🟢 **2** (1)〜(5) をそれぞれ2回ずつ聞き，適切な応答を ①，② から選びましょう．

(1) ① À la bibliothèque. ② Au mois de septembre.
(2) ① Ce soir. ② Avec une amie.
(3) ① 50 euros. ② Une semaine.
(4) ① Je vais bien. ② En train.
(5) ① Je suis jeune. ② Je travaille.

◆ イラストを見て，適切な表現を下線部から選び，やりとりを完成して，ペアで言ってみましょう．

(1) A : Pour aller à la gare, s'il vous plaît ?

　　B : Prenez la première / deuxième rue à droite / gauche, et allez tout droit.

(2) A : Je cherche le restaurant « Chez Paul ».

　　B : Prenez la première / deuxième rue à droite / gauche.

　　　　Continuez tout droit. Le restaurant est sur la droite / la gauche.

◆ エリックはナナコをセシルの誕生日に招待します．エリックのメールを書きましょう．

差出人：エリック　デュモン
宛　先：ナナコ　カトウ
件　名：セシルの誕生日
こんにちは，ナナコ．
今度の土曜日，セシルの誕生日だ．
君をパーティに招待するために
このメールを書いている．
来る？
木曜日までに返事してください．

友情をこめて
エリック　　　　inviter, répondre, samedi, jeudi, la fête

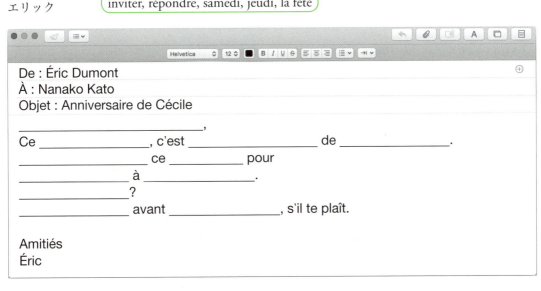

時刻と数詞 21 〜 60

50 時　刻

Quelle heure est-il ?　　Vous avez l'heure ?　　Tu as l'heure ?

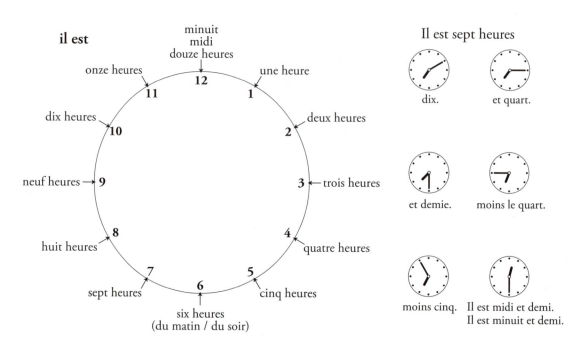

EXERCICES 1　時計のイラストを見て時刻を言いましょう．

(1) _____　(2) _____　(3) _____　(4) _____

51 EXERCICES 2　時刻を聞き取りましょう．

(1) ___:___　(2) ___:___　(3) ___:___　(4) ___:___

52 数　詞　*新しい綴り字表記

21 vingt-et-un(e)*	31 trente-et-un(e)*	41 quarante-et-un(e)*	51 cinquante-et-un(e)*
22 vingt-deux	32 trente-deux	42 quarante-deux	52 cinquante-deux
23 vingt-trois	33 trente-trois	43 quarante-trois	53 cinquante-trois
24 vingt-quatre	34 trente-quatre	44 quarante-quatre	54 cinquante-quatre
25 vingt-cinq	35 trente-cinq	45 quarante-cinq	55 cinquante-cinq
26 vingt-six	36 trente-six	46 quarante-six	56 cinquante-six
27 vingt-sept	37 trente-sept	47 quarante-sept	57 cinquante-sept
28 vingt-huit	38 trente-huit	48 quarante-huit	58 cinquante-huit
29 vingt-neuf	39 trente-neuf	49 quarante-neuf	59 cinquante-neuf
30 trente	40 quarante	50 cinquante	60 soixante

CIVILISATION

Voyage en France

Paris

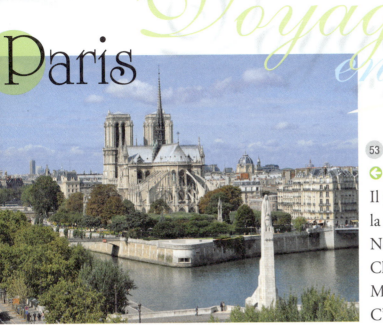

🔙 Paris est la capitale de la France. Il y a tellement de choses à voir : la tour Eiffel, la cathédrale Notre-Dame, l'Arc de Triomphe, les Champs-Élysées, le Louvre, Montmartre… C'est à vous de choisir !

➡️ Lyon se trouve avec Paris et Marseille parmi les trois plus grandes villes de France. Autrefois cette ville entretenait des relations étroites avec le Japon à travers le commerce de la soie. Le développement de la soierie à Tomioka doit beaucoup à Lyon.

Lyon

Strasbourg

🔙 Strasbourg est une ville frontière avec l'Allemagne. On y trouve le Parlement européen et le Conseil de l'Europe. À Noël, Strasbourg déploie autour de sa cathédrale un grand marché qui date du 15e siècle.

➡️ Le mont Saint-Michel est un site inscrit au patrimoine mondial que les touristes du monde entier viennent visiter. Ce lieu de pèlerinage situé en Normandie est complètement entouré d'eau et redevient une île aux grandes marées d'équinoxe.

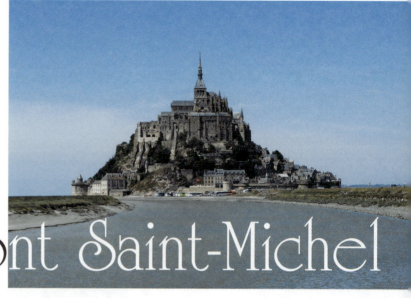

Le mont Saint-Michel

Giverny

⬅️ Giverny est la ville où se trouvent la maison et le jardin de Monet, peintre impressionniste. Dans le jardin d'eau créé par Monet, on peut contempler le « bassin aux nymphéas » avec son pont japonais.

➡️ Brest se trouve à l'extrémité ouest de la France, dans la région de Bretagne. Les Bretons n'ont pas toujours une vie paisible à cause de la pluie et de l'océan, mais ils apprécient les crêpes de blé noir et les fruits de mer comme les huîtres.

Brest

Annecy

➡ La ville d'Annecy se trouve à l'extrémité du lac d'Annecy qui est entouré de sommets des Alpes. Le mont Blanc qui est le plus haut sommet d'Europe se dresse dans les Alpes françaises.

⬅ Nice est une ville phare de la Côte d'Azur. Elle bénéficie d'un climat doux qui a attiré les Anglais. Ils ont choisi cette ville comme lieu de vacances en hiver. L'avenue qui longe la mer est ainsi appelée la « promenade des Anglais ».

Nice

Marseille

➡ Marseille qui se trouve au bord de la mer Méditerranée est un ancien port grec antique. « La Marseillaise », l'hymne national de la République française, est à l'origine un chant de guerre chanté par les Marseillais pendant la Révolution.

Tours

↶ Tours qui se trouve à une heure et demie de Paris accueille les voyageurs qui veulent visiter les châteaux de la Loire comme Chambord, Chenonceau, Blois… Ceux-ci appartenaient autrefois aux rois de France.

Bordeaux

↪ Bordeaux qui se trouve dans le sud-ouest de la France est connue pour ses vignobles et sa production de vin rouge de bonne qualité. Les bordeaux jouissent avec les bourgognes, d'une renommée mondiale.

Toulouse

↓ Toulouse est la capitale régionale de l'Occitanie* où on trouve un important centre d'industrie aéronautique (fabrication de l'Airbus). On appelle Toulouse « la Ville rose » pour la couleur de ses bâtiments en briques roses.

*旧 languedoc-Roussillon と Midi-Pyrénées が合併した地域の呼名.

月・曜日と数詞 70 ～ 100

57 月

Nous sommes le combien ?

Quelle est la date d'aujourd'hui ? — Nous sommes le 2 octobre.

1月 janvier　2月 février　3月 mars　4月 avril　5月 mai　6月 juin　7月 juillet
8月 août　9月 septembre　10月 octobre　11月 novembre　12月 décembre

58 曜日

Quel jour sommes-nous ? — Nous sommes lundi.

月 lundi　火 mardi　水 mercredi　木 jeudi　金 vendredi　土 samedi　日 dimanche

59 数詞　*新しい綴り字表記

70 soixante-dix	80 quatre-vingts	90 quatre-vingt-dix
71 soixante-et-onze*	81 quatre-vingt-un(e)	91 quatre-vingt-onze
72 soixante-douze	82 quatre-vingt-deux	92 quatre-vingt-douze
73 soixante-treize	83 quatre-vingt-trois	93 quatre-vingt-treize
74 soixante-quatorze	84 quatre-vingt-quatre	94 quatre-vingt-quatorze
75 soixante-quinze	85 quatre-vingt-cinq	95 quatre-vingt-quinze
76 soixante-seize	86 quatre-vingt-six	96 quatre-vingt-seize
77 soixante-dix-sept	87 quatre-vingt-sept	97 quatre-vingt-dix-sept
78 soixante-dix-huit	88 quatre-vingt-huit	98 quatre-vingt-dix-huit
79 soixante-dix-neuf	89 quatre-vingt-neuf	99 quatre-vingt-dix-neuf

100 cent　　　　　1000 mille　　　　　1996 mille-neuf-cent-quatre-vingt-seize*
200 deux-cents*　　2000 deux-mille*　　2017 deux-mille-dix-sept*
505 cinq-cent-cinq*　10 000 dix-mille*

60 EXERCICES　数を聞き取り，下線部に算用数字で書きましょう．

(1) Nous sommes _____ dans la classe.
(2) Mon grand-père a _____ ans.
(3) Elle habite _____, rue des Écoles.
(4) Cette tour a _____ étages.
(5) Ça coûte _____ euros.

綴り字の読み方 [2]

61 **EXERCICES 1**

次の語を読み，単母音字の読み方を確認しましょう．

a [a/ɑ ア]　**i y** [i イ]　**u** [y ユ]　**e** [ə ウ]　**é è ê** [e/ɛ エ]　**o** [o/ɔ オ]

v**é**lo　m**é**t**é**o　m**o**to　p**y**ram**i**de　t**a**ble　s**a**l**u**t　s**y**m**é**trie　m**è**re　cr**ê**pe

62 **EXERCICES 2**

次の語を読み，複母音字の読み方を確認しましょう．

ai / ei	[e/ɛ エ]	Japon**ai**s	p**ai**x	S**ei**ne	p**ei**ne
au / eau	[o/ɔ オ]	**au**to	ch**au**d	tabl**eau**	taur**eau**
eu / œu	[ø/œ ウ]	fl**eu**r	b**eu**rre	c**œu**r	**œu**f
ou	[u ウ]	bonj**ou**r	c**ou**rs	l**ou**rd	p**ou**r
oi	[wa オワ]	bons**oi**r	m**oi**	ét**oi**le	r**oi**

63 **EXERCICES 3**

次の語を読み，鼻母音の読み方を確認しましょう．

im / in / ym / yn	[ɛ̃ アン]	s**im**ple	s**in**ge	s**ym**pa	s**yn**dicat
aim / ain / eim / ein		f**aim**	tr**ain**	R**eim**s	p**ein**ture
um / un		parf**um**	l**un**di		
am / an / em / en	[ɑ̃ オン]	l**am**pe	fr**an**çais	t**em**ps	**en**trée
om / on	[ɔ̃ オン]	n**om**bre	t**om**ber	m**on**de	pard**on**

64 ◆ **e の読み方**

e＋子音字＋子音字	[ɛ エ]	**e**lle	toil**e**tte	t**e**rre	lycé**e**nne
-er-	[ɛr エる]	m**er**ci	univ**er**s	s**er**vice	f**er**mer
-es -ez	[e エ]	l**es**	s**es**	n**ez**	aim**ez**
ex＋母音字	[ɛgz エグズ]	**ex**ercice	**ex**ister		
ex＋子音字	[ɛks エクス]	**ex**pression	**ex**pliquer		
-er	[e エ]	aim**er**	papi**er**		
	[ɛr エる]	m**er**	hiv**er**		

◆ h の読み方

h は読まないが，無音の h（母音扱い l'**h**omme [lɔm ロム]）と有音の h*
（子音扱い le **h**éros [ləero ルエロ]）の区別がある．　＊辞書の†印

◆ 子音字の読み方

s [s ス]	**s**ac	**p**en**s**er	
母音字＋**s**＋母音字 [z ズ]	**s**ai**s**on	loi**s**ir	
c [k ク] **ca** [ka カ] **cu** [ky キュ] **co** [kɔ コ]	**c**ravate	**ca**deau	**cu**lotte	é**co**le
ça [sa サ] **ç**u [sy スュ] **ç**o [sɔ ソ]	fa**ç**ade	re**ç**u	le**ç**on	
ce [s(ə) ス] **c**i [si スィ]	**ce**rise	**ci**néma		
g / **gu** [g グ] **ga** [ga ガ] **go** [gɔ ゴ]	**g**rand	**gu**ide	**ga**rçon	**go**mme
ge [ʒ(ə) ジュ] **g**i [ʒi ジ]	**ge**nou	ba**g**age	**gi**rafe	
ch [ʃ シュ]	**ch**aise	**ch**ou	po**ch**e	
qu [k ク]	**qu**alité	**qu**and	**qu**e	**qu**oi
gn [ɲ ニュ]	si**gn**e	li**gn**e		

◆ その他

ail(**l**) [aj アイユ]	trav**ail**	t**aill**e	
eil(**l**) [ɛj エイユ]	sol**eil**	bout**eill**e	
ill [ij イーユ]	f**ill**e	fam**ill**e	***vill**e [vil ヴィル]　m**ill**e [mil ミル]
ien [jɛ̃ イアン]	b**ien**	ch**ien**	music**ien**
éen [eɛ̃ エアン]	lyc**éen**		
tion [sjɔ̃ スィオン]	na**tion**	sta**tion**	*ques**tion** [kɛstjɔ̃ ケスチオン]

母音字＋**y**＋母音字 → 母音字＋i＋i＋母音字

pa**y**er → (paiier) [peje ペイエ]　　vo**y**age → (voiiage) [vwajaʒ ヴォワイヤジュ]

65 **EXERCICES** 4

次の語を読みましょう．

　　　parisienne　crayon　désert　haricot　haut　constitution　excellent　merveille
　　　appareil　dessert　récitation　campagne　essayer　envoyer　voisin　international

Leçon 11 — Dépêche-toi ! 〔66〕

Cécile : Éric, tu ne te lèves pas ?

Éric : Non. C'est dimanche. Je reste au lit et je me repose.

Cécile : Mais aujourd'hui, il fait un temps magnifique. Promenons-nous au bord de la mer !

Éric : Bon, d'accord.

Cécile : Alors, dépêche-toi !

Éric : Attends. Je fais ma toilette et je m'habille… Ce soir, je vais me coucher tôt après cette bonne promenade.

Cécile : C'est très bon pour la santé.

GRAMMAIRE

1. 代名動詞

主語と同じ人，ものをさす再帰代名詞 se をともなう動詞を代名動詞と呼ぶ．

〔67〕　　se coucher「寝る」

je **me** couche	nous **nous** couchons
tu **te** couches	vous **vous** couchez
il **se** couche	ils **se** couchent
elle **se** couche	elles **se** couchent

否定形　Je **ne** me couche **pas**

疑問形　Tu te reposes ?
　　　　Est-ce que tu te reposes ?

命令形　Dépêche-**toi** !
　　　　Dépêchons-nous !
　　　　Dépêchez-vous !

（用法）(1) 再帰的（自分を，自分に）　Je **me** repose.

　　　　(2) 相互的（お互いに）　Elles **se téléphonent**.

　　　　(3) 受動的（〜される）　Ce médicament **se prend** après les repas.

　　　　(4) 本質的（常に代名動詞の形）　Je **me souviens** de vous.

〔67〕 EXPRESSIONS

Le matin, *je me lève* à sept heures. Je fais ma toilette et *je m'habille*. Je pars de chez moi vers huit heures. Le soir, je rentre vers dix-neuf heures. Je dîne et je prends mon bain. *Je me couche* vers minuit.

Conjugaison

◀ **s'habiller**「服を着る」▶

je	m'	habille
tu	t'	habilles
il	s'	habille
elle	s'	habille
nous	nous	habillons
vous	vous	habillez
ils	s'	habillent
elles	s'	habillent

EXERCICES

68 CDを聞いて代名動詞の現在形と命令形を書き，完成した文を訳しましょう．

(1) Vous _____ tôt ? (se lever)

Mon père _____ tard. (se coucher)

Les enfants _____ les mains avant de manger. (se laver)

Tu _____ comment ? — Je _____ Olivier. (s'appeler)

Nous _____ dans le jardin. (se promener)

Pierre et Émilie ne _____ plus. (se téléphoner)

On _____ devant le cinéma. (se voir)

Je _____ de toi. (se souvenir)

(2) _____. Le train va partir. (se dépêcher)

Tu es fatiguée. _____. (se reposer)

_____ vite ! On n'a pas de temps. (s'habiller)

Les enfants, il est tard. Vous allez _____ maintenant. (se coucher)

À DEUX

A / B は相手にフランス語で「起床時刻と就寝時刻」を伝えましょう．

A / B : Moi, _____. Et toi ?

B / A : Moi, _____.

Leçon 12 — Ma mère m'a téléphoné.

Nanako va à Tours avec Éric et Cécile. Elle doit arriver à la gare à dix heures, mais elle n'est pas encore là.

Éric : Qu'est-ce qu'elle a, Nanako ? … Ah, la voilà !

Nanako : Excusez-moi. Ma mère m'a téléphoné du Japon. Et puis j'ai mis une demi-heure pour retrouver la clé de mon appartement. J'ai vraiment eu peur.

Éric : Oh là là, pauvre Nanako.

Nanako : J'ai pris un taxi, mais je suis très en retard. Désolée.

Éric : Ce n'est pas grave. Ça peut arriver à tout le monde.

GRAMMAIRE

1. 直説法複合過去 (1)

助動詞（**avoir** の直説法現在）＋過去分詞

téléphoner「～に電話する」直説法複合過去

j'	**ai** téléphoné	nous	**avons** téléphoné
tu	**as** téléphoné	vous	**avez** téléphoné
il	**a** téléphoné	ils	**ont** téléphoné
elle	**a** téléphoné	elles	**ont** téléphoné

過去分詞： cherch*er* → cherch*é*
　　　　　fin*ir* → fin*i*

être (été)　　avoir (eu)
faire (fait)　　prendre (pris)
mettre (mis)　　lire (lu)
voir (vu)　　attendre (attendu)
écrire (écrit)

否定形　　je **n'ai pas** téléphoné

疑問形　　Tu as téléphoné ?　　**Est-ce que** tu as téléphoné ?　　**As-tu** téléphoné ?

(用法) (1) 過去に完了した行為，事柄．　　　　　　　　**J'ai pris** un taxi.
　　　(2) 今の状況につながる過去の行為，事柄．　　**J'ai oublié** mon portefeuille.
　　　(3) 期間が限定された過去の継続的な行為，事柄． **J'ai attendu** une heure.

EXPRESSIONS

Qu'est-ce que tu as fait pendant les vacances ?
　— *J'ai visité* plusieurs musées.　　— *J'ai lu* des livres.
　— *J'ai travaillé* dans un magasin.　— *J'ai vu* mes amis [des films].

Conjugaison

→ **pouvoir** (pu)「～できる」←

je peux	nous pouvons
tu peux	vous pouvez
il peut	ils peuvent
elle peut	elles peuvent

→ **devoir** (dû)「～しなければならない」←

je dois	nous devons
tu dois	vous devez
il doit	ils doivent
elle doit	elles doivent

EXERCICES

71 CD を聞いて直説法複合過去の活用形, pouvoir, devoir の現在形を書き, 完成した文を訳しましょう.

(1) Nous _____ le TGV pour aller à Tours. (prendre)

Est-ce que tu _____ des livres pendant les vacances ? (lire)

Éric _____ des camarades de classe il y a trois jours. (voir)

Hier, mes sœurs _____ les châteaux de la Loire. (visiter)

J' _____ de* bonnes vacances. (passer)

Elle n'_____ pas encore _____ son travail. (finir)

Excusez-moi. Vous _____ longtemps ? (attendre)

Tu _____ combien de temps pour venir ici ? (mettre)

La semaine dernière, on _____ un examen de français. (avoir)

Qu'est-ce qu'ils _____ au Japon ? (faire)

(2) Est-ce que je _____ entrer ?

Tu _____ être à l'heure.

*〈形容詞＋名詞〉の語順のとき不定冠詞 des は de になる.

À DEUX

A / B は相手にフランス語で「夏休みに何をしたか」を尋ね, B / A は「美術館をいくつも訪れた／本を読んだ／バイトをした／友だちに会った」と答えましょう.

A / B : _____   B / A : _____

43

Leçon 13 Nous sommes montés à la tour Eiffel.

Éric : Qu'est-ce que tu as fait le week-end dernier ?

Nanako : Mes amis japonais sont venus à Paris. Je suis allée les chercher à l'aéroport. D'abord, je me suis promenée sur les Champs-Élysées avec eux. Ensuite, nous sommes montés à la tour Eiffel. Nous nous sommes bien amusés !

Éric : Ah, c'est bien ! Et ils sont rentrés au Japon ?

Nanako : Non. Ils sont partis hier dans le Midi, à Marseille. Et toi, tu n'es pas sorti ?

Éric : Non. Cécile et moi, nous sommes restés à la maison.

GRAMMAIRE

1. 直説法複合過去 (2)

助動詞（être の直説法現在）＋過去分詞

partir「出発する」直説法複合過去

je suis parti(e)	nous sommes parti(e)s
tu es parti(e)	vous êtes parti(e)(s)
il est parti	ils sont partis
elle est partie	elles sont parties

過去分詞： aller (allé)　venir (venu)
arriver (arrivé)　partir (parti)
entrer (entré)　sortir (sorti)
monter (monté)　descendre (descendu)
rester (resté)　naitre (né)　mourir (mort)

（用法）(1) 移動の概念をもつ自動詞とすべての代名動詞は助動詞に être を用いる．

　　　　(2) être を助動詞に用いるとき，過去分詞は主語の性・数に一致する．

否定形　Elle **n'**est **pas** sortie.

疑問形　Elle est sortie ? **Est-ce qu'**elle est sortie ? **Est-elle** sortie ?

se promener「散歩する」: je me suis promené(e), tu t'es promené(e), il s'est promené, elle s'est promenée, nous nous sommes promené(e)s, vous vous êtes promené(e)(s), ils se sont promenés, elles se sont promenées : 否定形 je **ne** me suis **pas** promené(e)

EXPRESSIONS

Qu'est-ce que *tu as fait* dimanche ? — *Je suis sorti(e)*. / *Je suis allé(e)* au cinéma. / *Je me suis promené(e)* dans un parc. / *Je suis allé(e)* à la fête chez Marc et *je me suis* bien *amusé(e)*. / *Je suis resté(e)* à la maison et *je me suis reposé(e)*.

73

Conjugaison

◀ **croire (cru)**「～を信じる，思う」▶

je crois	nous croyons
tu crois	vous croyez
il croit	ils croient
elle croit	elles croient

◀ **lire (lu)**「～を読む」▶

je lis	nous lisons
tu lis	vous lisez
il lit	ils lisent
elle lit	elles lisent

EXERCICES

74 CDを聞いて直説法複合過去の活用形，croire, lireの現在形を書き，完成した文を訳しましょう．

(1) Je _____ tôt hier. (se lever)

Je _____ dans un parc d'attractions avec mes amis. (aller)

Je _____. (bien s'amuser)

Je _____ tard le soir. (rentrer)

Je _____ vers minuit. (se coucher)

(2) Où est-ce que vous _____ ? — Je _____ à Lyon. (naitre)

Quand est-ce qu'elles _____ en vacances ? — Hier. (partir)

Akiko, tu n'_____ pas _____ samedi dernier ? (sortir)

— Non, je _____ chez moi. (rester)

Quelqu'un _____ ? — Non, personne. (venir)

(3) Je _____ qu'ils ont réussi l'examen.

Cette équipe _____ à sa victoire.

Mon grand-père _____ le journal le matin.

À DEUX

A / Bは相手にフランス語で「日曜日にしたこと」を尋ね，B / Aは「出かけた／散歩をした／映画に行った／家にいた／家で休んだ」と答えましょう．

A / B : _____ B / A : _____

Leçon 14 — Des citrons, j'en prends deux.

Cécile : Tu sais qu'il n'y a plus de confiture ?
Éric : Ah bon ? Alors, j'en fais. Il faut des fraises.
Cécile : On en achète au marché ?
Éric : Oui, on y trouve toujours des fruits frais.

Au marché.

Éric : Je vais prendre des fraises.
La marchande : Vous en voulez combien ?
Éric : J'en veux deux kilos, et des citrons, j'en prends deux.
La marchande : Voilà.

GRAMMAIRE

1. 中性代名詞 en, y

名詞が次の場合 en または y に置きかえることができる．動詞の前に置く．

不定冠詞 des		On achète *des fraises* ? — Oui, on **en** achète.
部分冠詞 du, de la, de l' ＋名詞	➡ **en**	Tu fais *de la confiture* ? —Oui, j'**en** fais.
否定の冠詞 de		On n'a pas *de fraises* ? — Non, on n'**en** a pas.
前置詞 de		Des fraises, vous **en** voulez combien ?
		(Vous voulez combien *de fraises* ?)
		— J'**en** veux un kilo. (un kilo *de fraises*)

数詞＋名詞 ➡ **en**＋数詞 (un / une, deux…)

　　　　　　　　Des citrons, j'**en** prends <u>deux</u>. (Je prends <u>deux</u> *citrons*.)

場所を示す前置詞 (à, chez, dans, en, sur…)＋名詞 ➡ **y**

　　　　　　　　Qu'est-ce qu'on trouve *au marché* ?
　　　　　　　　— On **y** trouve des fruits frais.

EXPRESSIONS

Tu as des frères ? — Oui, j'*en* ai un [deux, trois…] / Non, je n'*en* ai pas.
Tu as des sœurs ? — Oui, j'*en* ai une [deux, trois…]. / Non, je n'*en* ai pas.
　　　　　　　　— Non. Je suis fille [fils] unique.

Conjugaison

vouloir (voulu)「〜を欲する」

je veux	nous voulons
tu veux	vous voulez
il veut	ils veulent
elle veut	elles veulent

savoir (su)「〜を知っている」

je sais	nous savons
tu sais	vous savez
il sait	ils savent
elle sait	elles savent

EXERCICES

77 CD を聞いて en / y, vouloir, savoir の現在形を書き，完成した文を訳しましょう．

(1) Vous voulez du thé ? — Non, merci. Je viens d'_____ prendre.
　　Des pommes, j'_____ mets combien ? — Vous _____ mettez cinq.
　　J'ai trois examens aujourd'hui. — Tu _____ as beaucoup !
　　Est-ce qu'il y a encore du lait ? — Non, il n'y _____ a plus.
　　Où est-ce qu'on achète des légumes ? — On _____ achète au supermarché.

(2) Vous allez en France ? — Oui, nous _____ allons cet automne.
　　L'été, tu vas à la mer ? — Oui, j'_____ vais chaque été.
　　Comment allez-vous à Londres ? — J'_____ vais en train.

(3) Tu _____ conduire ? — Oui. J'ai eu mon permis de conduire cet été.
　　Tu _____ venir chez moi ? — Merci, avec plaisir.
　　_____ -vous qu'on parle français au Canada, au Québec ?
　　Je _____ être journaliste.

À DEUX

A / B は相手にフランス語で「兄弟がいるか，姉妹がいるか」を尋ね，B / A はこれに中性代名詞 en を用いて答えましょう．

A / B : _____　　B / A : _____

Leçon 15 — Quelle est la meilleure saison ?

Éric : Chaque dimanche, je cours le matin.

Nanako : Quelle est la meilleure saison pour courir ?

Éric : C'est le printemps. Le parcours est le plus agréable de l'année. Le soleil se lève plus tôt qu'en hiver, et les jours sont plus longs.

Nanako : Moi, je ne cours pas, mais je me promène. Tu connais le parc Montsouris, n'est-ce pas ? J'y vais très souvent. J'aime bien ce parc.

Éric : Alors, tu le connais mieux que moi.

GRAMMAIRE

1. 比較級（形容詞，副詞）

優等 (+) **plus**		Léa est **plus** grande **que** sa sœur.
同等 (=) **aussi** 形容詞, 副詞 **que**		Elle court **aussi** vite **que** toi.
劣等 (−) **moins**		Léa est **moins** grande **que** sa mère.

形容詞 bon(ne)(s) の優等比較級　**meilleur(e)(s)** ← ~~plus bon(ne)(s)~~

副詞 bien の優等比較級　**mieux** ← ~~plus bien~~

Elle est **meilleure** que moi en français.　Elle chante **mieux** que moi.

2. 最上級（形容詞，副詞）

定冠詞	le / la / les	plus / moins	形容詞	de
定冠詞	le	plus / moins	副詞	de

Le parcours est **le plus** agréable **de** l'année.　Qui court **le plus** vite ?

EXPRESSIONS

Quelle est *la meilleure* saison pour voyager ?

— C'est le printemps [l'été / l'automne / l'hiver].

Qui fait *le mieux* la cuisine chez toi ? — C'est moi [ma mère, mon père…].

Conjugaison

- **connaitre* (connu)**「〜を知っている」

je connais	nous connaissons
tu connais	vous connaissez
il connait*	ils connaissent
elle connait	elles connaissent

*新しい綴り字表記

- **courir (couru)**「走る」

je cours	nous courons
tu cours	vous courez
il court	ils courent
elle court	elles courent

EXERCICES

80　CD を聞いて比較級と最上級の文にし，connaitre, courir の現在形を書き，完成した文を訳しましょう．

(1) Je mesure 1 mètre 85 et mon frère est _____ grand _____ moi.
　　Cette voiture est _____ chère _____ l'autre.
　　Ils se voient _____ souvent _____ l'année dernière.
　　J'habite ici depuis _____ longtemps _____ mes voisins.
　　Je suis _____ âgé _____ toi.
　　Elle est _____ en français _____ en anglais.

(2) Où se trouve _____ poste _____ _____ proche ?
　　Quel est _____ _____ film japonais de l'année ?
　　Quels sont _____ _____ beaux paysages de cette région ?
　　Qui chante _____ _____ d'entre vous ?

(3) Vous _____ un bon restaurant près d'ici ?
　　Je _____ tous les matins avant le petit déjeuner.

À DEUX

A / B は相手にフランス語で「旅行に一番よい季節」と「家で一番料理が上手な人」を尋ね，B/ A はこれに答えましょう．

A / B : _____　　B / A : _____

BILAN 3

81

◆ (1) 〜 (6) をそれぞれ 2 回ずつ聞き，それぞれの文にふさわしい絵を下から選び，下線部に番号を書きましょう．

(1) _____ (2) _____ (3) _____

(4) _____ (5) _____ (6) _____

①  ②  ③

④  ⑤  ⑥

⑦  ⑧  ⑨

82

1️⃣ ニースの観光案内所で，観光客の質問に案内係が答えています．ロールプレイをしましょう．

Le touriste : Bonjour madame. Nous allons visiter la ville de Nice. Qu'est-ce que vous nous conseillez comme promenade ?

L'hôtesse : Je vous propose de monter à *la colline du château*. On a *un panorama extraordinaire sur* la ville de Nice.

Le touriste : Est-ce qu'il y a des musées ou des monuments à visiter ?

L'hôtesse : Bien sûr, le musée Matisse et le musée Chagall.

❷ パリの観光案内所です．観光客と案内係のやりとりを作り，ロールプレイをしましょう．

Le touriste : _____

L'hôtesse : Je vous propose de faire une promenade sur l'avenue des Champs-Élysées. De l'Arc de Triomphe à la place de la Concorde. Les illuminations sont très belles à Noël.

Le touriste : _____

L'hôtesse : Bien sûr, il y en a beaucoup. Le monument le plus visité de Paris, c'est la cathédrale Notre-Dame. Le Louvre est le musée le plus visité au monde !

◆ アキコの日記を書きましょう．

10月15日　　天気：晴れ

7時に起きた．
朝食をとって，友だちとホテルを出た．
キャッスル　ヒルに登った．
ニースの町がとてもきれいに見えた．
プロムナード・デ・ザングレ沿いのレストランで昼食をとった．そのあとマチス美術館に行き，彼の作品を鑑賞した．
とても楽しかった．

Le 15 octobre. Beau temps.

Je _____.
et _____ l'hôtel avec _____.
Nous _____ la colline du château.
Nous _____
sur la ville de Nice. _____
_____ dans _____ au bord de la « promenade des Anglais ».
Après, _____ musée Matisse et _____ ses œuvres.
Je _____.

(le petit déjeuner, sortir de, admirer, s'amuser)

Leçon 16 　L'été, j'allais à la mer. 　83

Nanako : Cet été, je suis allée en Normandie. Je n'avais jamais visité cette région, mais j'ai bien aimé le paysage normand.

Éric : Ah c'est bien. Quand j'étais petit, j'habitais en Normandie. L'été, j'allais à la mer en famille. Mes parents prenaient des bains de soleil et ma sœur et moi, nous faisions des pâtés sur la plage.

Nanako : C'est un bon souvenir d'enfance ! Quand est-ce que tu es venu à Paris ?

Éric : Quand j'avais 18 ans.

GRAMMAIRE

1. 直説法半過去

84

faire 直説法半過去

je fais*ais*	nous fais*ions*
tu fais*ais*	vous fais*iez*
il fais*ait*	ils fais*aient*
elle fais*ait*	elles fais*aient*

語幹：直説法現在 nous の活用語尾 -ons をとる

faire → nous fais*ons* → fais　　être → ét

語尾：**-ais　-ais　-ait　-ions　-iez　-aient**

（用法）(1) 過去の継続的な行為，状態，習慣を**現在**と**対比**して伝える．

　　　　　Maintenant j'*habite* à Tokyo, mais avant j'**habitais** à Nagano.

　　　(2) 複合過去で表される**過去の出来事の背景，状況**を伝える．

　　　　　Il *est venu* au Japon quand il **avait** 12 ans.

2. 直説法大過去

助動詞（**avoir** または **être** 直説法半過去）＋過去分詞

visiter : j'avais visité nous avions visité　**partir** : j'étais parti(e) nous étions parti(e)s

（用法）過去のある時点ですでに完了していた行為，事柄を伝える．

　　　　Il *est allé* à Paris ; il n'**avait** jamais **visité** cette ville.

84 ■ EXPRESSIONS //////////////

Qu'est-ce que *tu faisais* comme activité quand *tu étais* lycéen (lycéenne) ?

— *Je faisais* du sport [de la musique / de la danse].

Conjugaison

◀ **avoir** 直説法半過去 ▶

j'	avais	nous	avions
tu	avais	vous	aviez
il	avait	ils	avaient
elle	avait	elles	avaient

◀ **être** 直説法半過去 ▶

j'	étais	nous	étions
tu	étais	vous	étiez
il	était	ils	étaient
elle	était	elles	étaient

EXERCICES

85 CDを聞いて直説法半過去，大過去の活用形を書き，完成した文を訳しましょう．

(1) Maintenant il habite au Japon, mais avant il _____ au Canada.
Ma mère ne travaille plus, mais avant elle _____ dans un magasin.
Où est-ce que tu _____ tes vacances dans ton enfance ? (passer)
Quand nous _____ au lycée, nous _____ du foot. (être / faire)
Thomas _____ souvent au cinéma dans sa jeunesse. (aller)
Je vais à la gare à pied, mais avant je _____ le vélo. (prendre)

(2) Je *suis allé* en France quand j'_____ 20 ans. (avoir)
Il y _____ des nuages, mais ils *sont partis* dans la montagne. (avoir)
Je _____ quand elle *m'a téléphoné*. (dormir)
Notre père *est rentré* à la maison quand on _____. (dîner)

(3) Ils *sont arrivés* à la gare, mais le train _____ déjà _____. (partir)
Elle *est venue* chez moi, mais j'_____. (sortir)

👥 À DEUX 👥

A / B は相手にフランス語で「高校時代にしていたこと」を尋ね，B / A はこれに答えましょう．

A / B : _____   B / A : _____

Leçon 17 Quelle est la région que tu aimes le plus ?

Nanako : Quelle est la région que tu aimes le plus ?

Éric : C'est la Normandie, où mon père est né.

Nanako : Ah bon. C'est aussi la région où tu veux vivre ?

Éric : Non, pas tout à fait. Je préfère la Provence dont le climat est doux et qui offre tout : de beaux paysages, une bonne cuisine, des gens aimables. Ma mère est de Nice.

Nanako : Ah, tu as donc reçu une éducation qui mélange deux cultures, celle du nord et celle du sud.

Éric : C'est exactement ça.

GRAMMAIRE

1. 関係代名詞

関係代名詞は名詞に修飾する文をつなぐ働きをする．修飾される名詞（先行詞）が修飾する文（関係詞節）の中でどのように機能するかで関係代名詞を使い分ける．

qui   Je préfère la Provence *qui* offre tout.
修飾される名詞が修飾する文の主語   (la Provence *offre tout*)

que (qu')   Quelle est la région *que* tu aimes ?
修飾される名詞が修飾する文の直接目的語   (*tu aimes* cette région)

dont (de を含む)   C'est la Provence *dont* le climat est doux.
修飾される名詞が修飾する文の語と de で結ばれる   (le climat **de** la Provence *est doux*)

où   Quelle est la région *où* tu veux vivre ?
修飾される名詞が修飾する文で場所，時を表す   (*tu veux vivre* **dans** cette région)

EXPRESSIONS

Quels sont les films *qui* ont eu un grand succès l'année dernière ?

Comment s'appelle le livre *que* tu aimes le plus ?

Quels sont les sujets *dont* on parle beaucoup en ce moment ?

Comment s'appelle la ville *où* tu es né(e) [tu habites / tu veux vivre] ?

Conjugaison

▸ **offrir (offert)**「〜を贈る」◂

j' offre	nous offrons
tu offres	vous offrez
il offre	ils offrent
elle offre	elles offrent

▸ **recevoir (reçu)**「〜を受け取る」◂

je reçois	nous recevons
tu reçois	vous recevez
il reçoit	ils reçoivent
elle reçoit	elles reçoivent

EXERCICES

88 CDを聞いて関係代名詞，offrir, recevoir の現在形を書き，完成した文を訳しましょう．

(1) Kyoto est une ville _____ attire les touristes étrangers.
Kyoto est une ville _____ je visite souvent.
Kyoto est une ville _____ le climat est chaud en été, froid en hiver.
Kyoto est une ville _____ il y a beaucoup de temples anciens.

(2) J'ai un ami _____ habite à Paris.
C'est une amie _____ je connais depuis mon enfance.
Le film _____ on parle beaucoup en ce moment est vraiment intéressant.
C'est un magasin _____ on vend des objets à 100 yens.
Le livre _____ tu m'as prêté est très difficile pour moi.
Où est-ce qu'on trouve les informations _____ j'ai besoin pour mon voyage en France ?

(3) Qu'est-ce que tu _____ à ton père pour son anniversaire ?
Sophie _____ un cadeau de Noël.

À DEUX

A / B は相手にフランス語で「生まれた町の名前」と「好きな本の名前」を尋ね，B / A はこれに答えましょう．

A / B : _____   B / A : _____

Leçon 18 Tu viendras avec nous.

Éric : Tu connais le peintre Monet, n'est-ce pas ? Ses tableaux sont influencés par les estampes japonaises. Tu as déjà visité la maison de Monet à Giverny ?

Nanako : Non, pas encore.

Éric : Nous la visiterons samedi prochain. Si tu veux, tu viendras avec nous. On en fera le tour ensemble.

Nanako : Avec plaisir. C'est très gentil.

Éric : En cette saison, le jardin sera magnifique. On aura la chance d'admirer les nymphéas.

GRAMMAIRE

1. 直説法単純未来

visiter 直説法単純未来

je	visite*rai*	nous	visite*rons*
tu	visite*ras*	vous	visite*rez*
il	visite*ra*	ils	visite*ront*
elle	visite*ra*	elles	visite*ront*

語幹：原形の r の前　visite*r* → visite

特殊な語幹：j'**i**rai (aller)　je **viend**rai (venir)

je **f**erai (faire)　je **s**erai (être)　j'**au**rai (avoir)

語尾：-rai　-ras　-ra　-rons　-rez　-ront

（用法）(1) 未来の行為，事柄を伝える．**J'i**rai à Giverny la semaine prochaine.

(2) 2人称で用いると軽い命令のニュアンスを伝える．**Tu viendras** avec nous.

2. 受動態

他動詞の直接目的語を主語にし，過去分詞はこの主語の性・数に一致する．

一時的な動作，行為は par で，持続的な感情，状態は de で動作主を示す．

Ses tableaux **sont influencés par** les estampes japonaises.

(Les estampes japonaises influencent ses tableaux.)

EXPRESSIONS

Qu'est-ce que *tu feras* après tes études ? — *Je chercherai* un emploi. / *Je continuerai* mes études. / *J'irai* étudier à l'étranger. / *Je travaillerai*.

Conjugaison

◀ **avoir** 直説法単純未来 ▶

j'	aurai	nous	aurons
tu	auras	vous	aurez
il	aura	ils	auront
elle	aura	elles	auront

◀ **être** 直説法単純未来 ▶

je	serai	nous	serons
tu	seras	vous	serez
il	sera	ils	seront
elle	sera	elles	seront

EXERCICES

CD を聞いて直説法単純未来，受動態を書き，完成した文を訳しましょう．

(1) J'_____ vingt ans le mois prochain. (avoir)

Nous _____ en voyage dans trois jours. (partir)

Ils _____ des vacances la semaine prochaine. (prendre)

Quand est-ce que tu _____ tes études ? — Dans deux ans. (finir)

Je _____ professeur de français au Japon l'année prochaine. (être)

Vous _____ nous voir à la maison. (venir)

D'abord, on _____ danser, et ensuite on _____ dans un restaurant. (aller / dîner)

Demain, il _____ très froid. (faire)

(2) Ce match de baseball _____ par beaucoup de spectateurs. (regarder)

Ces monuments historiques _____ de tout le monde. (connaitre)

Cette voiture _____ en Allemagne. (fabriquer)

Ce musée _____ à partir du 1er octobre pour rénovation. (fermer)

À DEUX

A / B は相手にフランス語で「卒業後の進路について」尋ね，B / A はこれに答えましょう．

A / B : _____   B / A : _____

Leçon 19 J'aimerais bien avoir une maison.

Cécile : Ah, j'aimerais bien avoir une maison à la montagne ! Je me promènerais en respirant l'air frais. Il y aurait des fleurs partout. En descendant de la montagne, on arriverait au bord d'un lac !

Éric : Elle serait comment, la maison de tes rêves ?

Cécile : Ce serait une maison en bois. De la maison, on verrait le soleil couchant.

Éric : Si nous étions riches, nous pourrions acheter la maison de tes rêves ! Mais nous devrions revenir à la réalité.

GRAMMAIRE

1. 条件法現在

aimer 条件法現在

j' aime*rais*	nous aime*rions*
tu aime*rais*	vous aime*riez*
il aime*rait*	ils aime*raient*
elle aime*rait*	elles aime*raient*

語幹：直説法単純未来の語幹と同じ

je **pour**rais (pouvoir)   je **voud**rais (vouloir)

je **dev**rais (devoir)   je **ver**rais (voir)

語尾：-rais -rais -rait -rions -riez -raient

（用法）(1) ある事柄を仮定して伝える．Ils **pourraient** venir au Japon.

(2) 〈si＋直説法半過去，条件法現在〉の構文で，現在の非現実の条件とその結果を仮定して伝える．Si j'*étais* riche, j'*achèterais* une grande maison.

(3) 表現を和らげて伝える．（丁寧，示唆）Nous **devrions** revenir à la réalité.

2. ジェロンディフと現在分詞

ジェロンディフ　**en＋現在分詞**（nous の活用語尾 -ons をとって **ant** をつける）

descendre → nous *descend*ons → descend**ant**　ただし étant (être)　ayant (avoir)

（用法）副詞的に機能して主動詞を修飾する．**En prenant** le bus, on arrivera plus vite.

EXPRESSIONS

Qu'est-ce que *tu aimerais* faire si tu avais de l'argent ? — *J'aimerais* manger dans un grand restaurant [descendre dans un hôtel de luxe / faire un don].

Pourriez-vous fermer la porte [ouvrir la fenêtre], s'il vous plaît ?

Conjugaison

◂ **pouvoir** 条件法現在 ▸

je pourrais　nous pourrions
tu pourrais　vous pourriez
il pourrait　　ils pourraient
elle pourrait　elles pourraient

◂ **vouloir** 条件法現在 ▸

je voudrais　nous voudrions
tu voudrais　vous voudriez
il voudrait　　ils voudraient
elle voudrait　elles voudraient

EXERCICES

CD を聞いて条件法現在，ジェロンディフにして，完成した文を訳しましょう．

(1) Je _____ parler à monsieur Legrand, s'il vous plaît. (vouloir)

_____-vous nous montrer le chemin pour aller à la gare ? (pouvoir)

Tu _____ rentrer avant minuit. (devoir)

Il y _____ du monde à l'exposition Matisse. (avoir)

S'il faisait beau aujourd'hui, on _____ au bord du lac.
(se promener)

J'_____ bien travailler à l'étranger. (aimer)

Si Léa venait à la maison, mes enfants _____ contents de la voir. (être)

Si je pouvais, je _____ quelques jours de congé. (prendre)

(2) Elle fait ses devoirs _____ de la musique. (écouter)

Il est interdit de conduire _____ son portable. (utiliser)

J'ai rencontré Camille _____ de la bibliothèque. (sortir)

Elle chante _____ du piano. (jouer)

👥 À DEUX 👥

A / B は相手にフランス語で「お金があったらどうしたいか」を尋ね，B / A はこれに答えましょう．

A / B : _____　　B / A : _____

Leçon 20
Tu veux qu'on aille à Strasbourg ?

Cécile : Tu veux qu'on aille à Strasbourg pour passer Noël ?

Éric : Pourquoi pas ? Dans ce cas, il faut qu'on fasse une réservation dans un hôtel dès maintenant. Il est possible qu'il y ait du monde.

Cécile : Eh oui. C'est à Noël que la ville de Strasbourg est la plus animée avec son grand sapin.

Éric : Tu veux qu'on prenne le TGV pour y aller ?

Cécile : Oui ! C'est plus rapide. Ah, je suis contente qu'on parte découvrir le célèbre marché de Noël strasbourgeois !

GRAMMAIRE

1. 接続法現在

partir 接続法現在

que je	part*e*	que nous	part*ions*
que tu	part*es*	que vous	part*iez*
qu'il	part*e*	qu'ils	part*ent*
qu'elle	part*e*	qu'elles	part*ent*

語幹：直説法現在 ils / elles の活用語尾 -ent をとった形 ils part**ent** (partir) → part

語尾：-**e** -**es** -**e** -**ions** -**iez** -**ent**

特殊な語幹：(faire) je f**asse**, (prendre) je pr**enne**,… nous pr**enions**, vous pr**eniez**, ils pr**ennent** (aller) j'**aille**… nous **allions**, vous **alliez**, ils **aillent**

接続法は事実や実現性とは無関係にその人が主観的にとらえている事柄を伝える動詞の形．従属節の動詞に用いて，その人の願望，否定，疑問，判断の内容，ある感情でとらえていることなどを伝える．※直説法は事実や実現性のある事柄を伝える．

（用法）(1)（願望）Tu *veux qu'*on **aille** à Strasbourg ?
(2)（判断）*Il faut qu'*on **fasse** une réservation.
(3)（否定）Je *ne pense pas que* ce **soit** intéressant.
(4)（感情）Je *suis contente qu'*on **parte**.

2. 強調構文

主語の強調　　　C'est *moi* **qui** pars pour Strasbourg. (Je pars pour Strasbourg.)
主語以外の強調　C'est *pour Strasbourg* **que** je pars.

EXPRESSIONS

Je *veux que tu viennes* à la fête [*tu* m'*aides* / *tu trouves* un bon restaurant].

Je *suis content(e) qu'on parte* pour la France [*on aille* voir cette exposition].

Conjugaison

avoir 接続法現在

que j' aie	que nous ayons
que tu aies	que vous ayez
qu'il ait	qu'ils aient
qu'elle ait	qu'elles aient

être 接続法現在

que je sois	que nous soyons
que tu sois	que vous soyez
qu'il soit	qu'ils soient
qu'elle soit	qu'elles soient

EXERCICES

CD を聞いて接続法現在，強調構文にして，完成した文を訳しましょう．

(1) Je veux que vous _____ tôt. (rentrer)
 Tu veux que je t'_____ ? (aider)
 Voulez-vous que je vous _____ ? (accompagner)
 Je souhaite qu'il _____ son examen. (réussir → finir と同型)

(2) Je ne crois pas qu'elle _____ le temps de venir à la fête. (avoir)
 Je ne pense pas qu'il _____ beau demain. (faire)

(3) Tu as mal au ventre ? Il faut que tu _____ voir le médecin. (aller)
 Il est déjà tard. Il faut qu'on _____. (partir)

(4) Je suis content que tu _____ me voir. (venir → prendre と同型)
 C'est dommage qu'ils ne _____ pas là. (être)

(5) _____ moi _____ promène notre chien.
 _____ la France _____ nous voulons visiter.

À DEUX

A / B は相手に日本語で「君にパーティに来てほしい」「君に手伝ってほしい」「君においしいレストランを見つけてほしい」を伝え，B / A はこれをフランス語で言いましょう．

A / B：（日本語）_____ B / A：（フランス語）_____

BILAN 4

◆ (1) 〜 (5) をそれぞれ 2 回ずつ聞き，適切な応答を ①，② から選びましょう．

(1) ① Elle est contente.　　② Elle est médecin.
(2) ① Il chante bien.　　② Il travaillait dans un magasin.
(3) ① J'ai regardé la télévision.　　② Je vais au cinéma.
(4) ① J'irai en France.　　② J'ai visité Paris.
(5) ① J'aime faire du ski dans les Alpes.
　　② J'aimerais avoir une villa sur la Côte d'Azur.

◆ 京都を紹介する文章を言ってみましょう．

　Je vous présente Kyoto.
　　Kyoto se trouve au centre de la partie ouest du Japon, à 500 kilomètres de Tokyo.
　　Kyoto était l'ancienne capitale du Japon.
　　Kyoto est une ville où il fait chaud et humide en été et froid en hiver.
　　Kyoto est une ville qui possède de nombreux temples et sanctuaires.

あなたが好きな町や地域を，位置，気候，特徴などとともに紹介しましょう．

ÉCRIRE

◆ グリーティングカード（carte de vœux）を書きましょう．

誕生日カード

お誕生日おめでとう．

Bon anniversaire !

Joyeux anniversaire !

クリスマスカード （ふつう新年のあいさつも添えます）

メリークリスマス．

Joyeux Noël !

楽しいクリスマスとよい年をお祈りします．

Je vous souhaite un _____ et une bonne année !

年賀状 （フランスでは1月の初旬に送ります）

あけましておめでとう．

Bonne année !

新年おめでとうございます．

Meilleurs vœux pour la nouvelle année.

よき幸せな年となるようお祈りします．

Je te souhaite une bonne et heureuse année.

あなたにとって新しい年が幸多く健康に恵まれますようお祈りいたします． (bonheur, santé)

Je _____ que la _____ année _____ pour vous pleine de _____ et de _____ .

フランス語の音色（CD 付）

中村　敦子 著

2017. 1. 20　初版印刷
2017. 2. 1　初版発行

発行者　井　田　洋　二

発行所　〒101-0062 東京都千代田区神田駿河台3の7
電話 03(3291)1676　FAX 03(3291)1675
振替 00190-3-56669　株式会社 駿河台出版社

印刷　研究社印刷株式会社
http://www.e-surugadai.com
ISBN978-4-411-01125-1 C1085

動詞活用表

◇ 活用表中，現在分詞と過去分詞はイタリック体，
また書体の違う活用は，とくに注意すること．

accueillir	22	écrire	40	pleuvoir	61
acheter	10	émouvoir	55	pouvoir	54
acquérir	26	employer	13	préférer	12
aimer	7	envoyer	15	prendre	29
aller	16	être	2	recevoir	52
appeler	11	être aimé(e)(s)	5	rendre	28
(s')asseoir	60	être allé(e)(s)	4	résoudre	42
avoir	1	faire	31	rire	48
avoir aimé	3	falloir	62	rompre	50
battre	46	finir	17	savoir	56
boire	41	fuir	27	sentir	19
commencer	8	(se) lever	6	suffire	34
conclure	49	lire	33	suivre	38
conduire	35	manger	9	tenir	20
connaître	43	mettre	47	vaincre	51
coudre	37	mourir	25	valoir	59
courir	24	naître	44	venir	21
craindre	30	ouvrir	23	vivre	39
croire	45	partir	18	voir	57
devoir	53	payer	14	vouloir	58
dire	32	plaire	36		

◇ 単純時称の作り方

不定法
—er　[e]
—ir　　[ir]
—re　　[r]
—oir　[war]

現在分詞
—ant　[ã]

	直説法現在				接続法現在		直説法半過去	
je (j')	—e	[無音]	—s	[無音]	—e	[無音]	—ais	[ɛ]
tu	—es	[無音]	—s	[無音]	—es	[無音]	—ais	[ɛ]
il	—e	[無音]	—t	[無音]	—e	[無音]	—ait	[ɛ]
nous	—ons	[ɔ̃]			—ions	[jɔ̃]	—ions	[jɔ̃]
vous	—ez	[e]			—iez	[je]	—iez	[je]
ils	—ent	[無音]			—ent	[無音]	—aient	[ɛ]

	直説法単純未来		条件法現在	
je (j')	—rai	[re]	—rais	[rɛ]
tu	—ras	[rɑ]	—rais	[rɛ]
il	—ra	[ra]	—rait	[rɛ]
nous	—rons	[rɔ̃]	—rions	[rjɔ̃]
vous	—rez	[re]	—riez	[rje]
ils	—ront	[rɔ̃]	—raient	[rɛ]

	直説法単純過去					
je	—ai	[e]	—is	[i]	—us	[y]
tu	—as	[ɑ]	—is	[i]	—us	[y]
il	—a	[a]	—it	[i]	—ut	[y]
nous	—âmes	[am]	—îmes	[im]	—ûmes	[ym]
vous	—âtes	[at]	—îtes	[it]	—ûtes	[yt]
ils	—èrent	[ɛr]	—irent	[ir]	—urent	[yr]

過去分詞	—é [e], —i [i], —u [y], —s [無音], —t [無音]

①**直説法現在**の単数形は，第一群動詞では—e，—es，—e；他の動詞ではほとんど—s，—s，—t．
②**直説法現在**と**接続法現在**では，nous, vous の語幹が，他の人称の語幹と異なること（母音交替）がある．
③**命令法**は，直説法現在の tu, nous, vous をとった形．（ただし—es → e　vas → va）
④**接続法現在**は，多く直説法現在の 3 人称複数形から作られる．ils partent → je parte.
⑤**直説法半過去**と**現在分詞**は，直説法現在の 1 人称複数形から作られる．
⑥**直説法単純未来**と**条件法現在**は多く不定法から作られる．aimer → j'aimerai, finir → je finirai, rendre → je rendrai (-oir 型の語幹は不規則)．

1. avoir

現在分詞 ayant	直説法		
	現在	半過去	単純過去
	j' ai	j' avais	j' eus [y]
	tu as	tu avais	tu eus
	il a	il avait	il eut
過去分詞 eu [y]	nous avons	nous avions	nous eûmes
	vous avez	vous aviez	vous eûtes
	ils ont	ils avaient	ils eurent
命令法	複合過去	大過去	前過去
	j' ai eu	j' avais eu	j' eus eu
aie	tu as eu	tu avais eu	tu eus eu
	il a eu	il avait eu	il eut eu
ayons	nous avons eu	nous avions eu	nous eûmes eu
ayez	vous avez eu	vous aviez eu	vous eûtes eu
	ils ont eu	ils avaient eu	ils eurent eu

2. être

現在分詞 étant	直説法		
	現在	半過去	単純過去
	je suis	j' étais	je fus
	tu es	tu étais	tu fus
	il est	il était	il fut
過去分詞 été	nous sommes	nous étions	nous fûmes
	vous êtes	vous étiez	vous fûtes
	ils sont	ils étaient	ils furent
命令法	複合過去	大過去	前過去
	j' ai été	j' avais été	j' eus été
sois	tu as été	tu avais été	tu eus été
	il a été	il avait été	il eut été
soyons	nous avons été	nous avions été	nous eûmes été
soyez	vous avez été	vous aviez été	vous eûtes été
	ils ont été	ils avaient été	ils eurent été

3. avoir aimé

［複合時称］	直説法		
	複合過去	大過去	前過去
分詞複合形 ayant aimé	j' ai aimé	j' avais aimé	j' eus aimé
	tu as aimé	tu avais aimé	tu eus aimé
	il a aimé	il avait aimé	il eut aimé
命令法	elle a aimé	elle avait aimé	elle eut aimé
aie aimé	nous avons aimé	nous avions aimé	nous eûmes aimé
ayons aimé	vous avez aimé	vous aviez aimé	vous eûtes aimé
ayez aimé	ils ont aimé	ils avaient aimé	ils eurent aimé
	elles ont aimé	elles avaient aimé	elles eurent aimé

4. être allé(e)(s)

［複合時称］	直説法		
	複合過去	大過去	前過去
分詞複合形 étant allé(e)(s)	je suis allé(e)	j' étais allé(e)	je fus allé(e)
	tu es allé(e)	tu étais allé(e)	tu fus allé(e)
	il est allé	il était allé	il fut allé
命令法	elle est allée	elle était allée	elle fut allée
sois allé(e)	nous sommes allé(e)s	nous étions allé(e)s	nous fûmes allé(e)s
soyons allé(e)s	vous êtes allé(e)(s)	vous étiez allé(e)(s)	vous fûtes allé(e)(s)
soyez allé(e)(s)	ils sont allés	ils étaient allés	ils furent allés
	elles sont allées	elles étaient allées	elles furent allées

単純未来	条件法 現在	接続法 現在	半過去
j' aurai	j' aurais	j' aie	j' eusse
tu auras	tu aurais	tu aies	tu eusses
il aura	il aurait	il ait	il eût
nous aurons	nous aurions	nous ayons	nous eussions
vous aurez	vous auriez	vous ayez	vous eussiez
ils auront	ils auraient	ils aient	ils eussent

前未来	過去	過去	大過去
j' aurai eu	j' aurais eu	j' aie eu	j' eusse eu
tu auras eu	tu aurais eu	tu aies eu	tu eusses eu
il aura eu	il aurait eu	il ait eu	il eût eu
nous aurons eu	nous aurions eu	nous ayons eu	nous eussions eu
vous aurez eu	vous auriez eu	vous ayez eu	vous eussiez eu
ils auront eu	ils auraient eu	ils aient eu	ils eussent eu

単純未来	条件法 現在	接続法 現在	半過去
je serai	je serais	je sois	je fusse
tu seras	tu serais	tu sois	tu fusses
il sera	il serait	il soit	il fût
nous serons	nous serions	nous soyons	nous fussions
vous serez	vous seriez	vous soyez	vous fussiez
ils seront	ils seraient	ils soient	ils fussent

前未来	過去	過去	大過去
j' aurai été	j' aurais été	j' aie été	j' eusse été
tu auras été	tu aurais été	tu aies été	tu eusses été
il aura été	il aurait été	il ait été	il eût été
nous aurons été	nous aurions été	nous ayons été	nous eussions été
vous aurez été	vous auriez été	vous ayez été	vous eussiez été
ils auront été	ils auraient été	ils aient été	ils eussent été

前未来	条件法 過去	接続法 過去	大過去
j' aurai aimé	j' aurais aimé	j' aie aimé	j' eusse aimé
tu auras aimé	tu aurais aimé	tu aies aimé	tu eusses aimé
il aura aimé	il aurait aimé	il ait aimé	il eût aimé
elle aura aimé	elle aurait aimé	elle ait aimé	elle eût aimé
nous aurons aimé	nous aurions aimé	nous ayons aimé	nous eussions aimé
vous aurez aimé	vous auriez aimé	vous ayez aimé	vous eussiez aimé
ils auront aimé	ils auraient aimé	ils aient aimé	ils eussent aimé
elles auront aimé	elles auraient aimé	elles aient aimé	elles eussent aimé

前未来	条件法 過去	接続法 過去	大過去
je serai allé(e)	je serais allé(e)	je sois allé(e)	je fusse allé(e)
tu seras allé(e)	tu serais allé(e)	tu sois allé(e)	tu fusses allé(e)
il sera allé	il serait allé	il soit allé	il fût allé
elle sera allée	elle serait allée	elle soit allée	elle fût allée
nous serons allé(e)s	nous serions allé(e)s	nous soyons allé(e)s	nous fussions allé(e)s
vous serez allé(e)(s)	vous seriez allé(e)(s)	vous soyez allé(e)(s)	vous fussiez allé(e)(s)
ils seront allés	ils seraient allés	ils soient allés	ils fussent allés
elles seront allées	elles seraient allées	elles soient allées	elles fussent allées

5. être aimé(e)(s) ［受動態］

直説法		接続法
現在	複合過去	現在
je suis aimé(e)	j' ai été aimé(e)	je sois aimé(e)
tu es aimé(e)	tu as été aimé(e)	tu sois aimé(e)
il est aimé	il a été aimé	il soit aimé
elle est aimée	elle a été aimée	elle soit aimée
nous sommes aimé(e)s	nous avons été aimé(e)s	nous soyons aimé(e)s
vous êtes aimé(e)(s)	vous avez été aimé(e)(s)	vous soyez aimé(e)(s)
ils sont aimés	ils ont été aimés	ils soient aimés
elles sont aimées	elles ont été aimées	elles soient aimées
半過去	大過去	過去
j' étais aimé(e)	j' avais été aimé(e)	j' aie été aimé(e)
tu étais aimé(e)	tu avais été aimé(e)	tu aies été aimé(e)
il était aimé	il avait été aimé	il ait été aimé
elle était aimée	elle avait été aimée	elle ait été aimée
nous étions aimé(e)s	nous avions été aimé(e)s	nous ayons été aimé(e)s
vous étiez aimé(e)(s)	vous aviez été aimé(e)(s)	vous ayez été aimé(e)(s)
ils étaient aimés	ils avaient été aimés	ils aient été aimés
elles étaient aimées	elles avaient été aimées	elles aient été aimées
単純過去	前過去	半過去
je fus aimé(e)	j' eus été aimé(e)	je fusse aimé(e)
tu fus aimé(e)	tu eus été aimé(e)	tu fusses aimé(e)
il fut aimé	il eut été aimé	il fût aimé
elle fut aimée	elle eut été aimée	elle fût aimée
nous fûmes aimé(e)s	nous eûmes été aimé(e)s	nous fussions aimé(e)s
vous fûtes aimé(e)(s)	vous eûtes été aimé(e)(s)	vous fussiez aimé(e)(s)
ils furent aimés	ils eurent été aimés	ils fussent aimés
elles furent aimées	elles eurent été aimées	elles fussent aimées
単純未来	前未来	大過去
je serai aimé(e)	j' aurai été aimé(e)	j' eusse été aimé(e)
tu seras aimé(e)	tu auras été aimé(e)	tu eusses été aimé(e)
il sera aimé	il aura été aimé	il eût été aimé
elle sera aimée	elle aura été aimée	elle eût été aimée
nous serons aimé(e)s	nous aurons été aimé(e)s	nous eussions été aimé(e)s
vous serez aimé(e)(s)	vous aurez été aimé(e)(s)	vous eussiez été aimé(e)(s)
ils seront aimés	ils auront été aimés	ils eussent été aimés
elles seront aimées	elles auront été aimées	elles eussent été aimées

条件法		現在分詞
現在	過去	étant aimé(e)(s)
je serais aimé(e)	j' aurais été aimé(e)	過去分詞
tu serais aimé(e)	tu aurais été aimé(e)	
il serait aimé	il aurait été aimé	été aimé(e)(s)
elle serait aimée	elle aurait été aimée	
nous serions aimé(e)s	nous aurions été aimé(e)s	命令法
vous seriez aimé(e)(s)	vous auriez été aimé(e)(s)	sois aimé(e)s
ils seraient aimés	ils auraient été aimés	soyons aimé(e)s
elles seraient aimées	elles auraient été aimées	soyez aimé(e)(s)

6. se lever [代名動詞]

直　説　法			接　続　法		
現　在			現　在		
je	me	lève	je	me	lève
tu	te	lèves	tu	te	lèves
il	se	lève	il	se	lève
elle	se	lève	elle	se	lève
nous	nous	levons	nous	nous	levions
vous	vous	levez	vous	vous	leviez
ils	se	lèvent	ils	se	lèvent
elles	se	lèvent	elles	se	lèvent

複　合　過　去				現　在 (cont.)		
je	me	suis	levé(e)			
tu	t'	es	levé(e)			
il	s'	est	levé			
elle	s'	est	levée			
nous	nous	sommes	levé(e)s			
vous	vous	êtes	levé(e)(s)			
ils	se	sont	levés			
elles	se	sont	levées			

半　過　去			大　過　去				過　去			
je	me	levais	je	m'	étais	levé(e)	je	me	sois	levé(e)
tu	te	levais	tu	t'	étais	levé(e)	tu	te	sois	levé(e)
il	se	levait	il	s'	était	levé	il	se	soit	levé
elle	se	levait	elle	s'	était	levée	elle	se	soit	levée
nous	nous	levions	nous	nous	étions	levé(e)s	nous	nous	soyons	levé(e)s
vous	vous	leviez	vous	vous	étiez	levé(e)(s)	vous	vous	soyez	levé(e)(s)
ils	se	levaient	ils	s'	étaient	levés	ils	se	soient	levés
elles	se	levaient	elles	s'	étaient	levées	elles	se	soient	levées

単　純　過　去			前　過　去				半　過　去		
je	me	levai	je	me	fus	levé(e)	je	me	levasse
tu	te	levas	tu	te	fus	levé(e)	tu	te	levasses
il	se	leva	il	se	fut	levé	il	se	levât
elle	se	leva	elle	se	fut	levée	elle	se	levât
nous	nous	levâmes	nous	nous	fûmes	levé(e)s	nous	nous	levassions
vous	vous	levâtes	vous	vous	fûtes	levé(e)(s)	vous	vous	levassiez
ils	se	levèrent	ils	se	furent	levés	ils	se	levassent
elles	se	levèrent	elles	se	furent	levées	elles	se	levassent

単　純　未　来			前　未　来				大　過　去			
je	me	lèverai	je	me	serai	levé(e)	je	me	fusse	levé(e)
tu	te	lèveras	tu	te	seras	levé(e)	tu	te	fusses	levé(e)
il	se	lèvera	il	se	sera	levé	il	se	fût	levé
elle	se	lèvera	elle	se	sera	levée	elle	se	fût	levée
nous	nous	lèverons	nous	nous	serons	levé(e)s	nous	nous	fussions	levé(e)s
vous	vous	lèverez	vous	vous	serez	levé(e)(s)	vous	vous	fussiez	levé(e)(s)
ils	se	lèveront	ils	se	seront	levés	ils	se	fussent	levés
elles	se	lèveront	elles	se	seront	levées	elles	se	fussent	levées

条　件　法						
現　在			過　去			
je	me	lèverais	je	me	serais	levé(e)
tu	te	lèverais	tu	te	serais	levé(e)
il	se	lèverait	il	se	serait	levé
elle	se	lèverait	elle	se	serait	levée
nous	nous	lèverions	nous	nous	serions	levé(e)s
vous	vous	lèveriez	vous	vous	seriez	levé(e)(s)
ils	se	lèveraient	ils	se	seraient	levés
elles	se	lèveraient	elles	se	seraient	levées

現在分詞
se levant

命　令　法
lève-toi
levons-nous
levez-vous

◇se が間接補語のとき過去分詞は性・数の変化をしない．

不定法 現在分詞 過去分詞	直説法			
	現在	半過去	単純過去	単純未来
7. **aimer** *aimant* *aimé*	j' aime tu aimes il aime n. aimons v. aimez ils aiment	j' aimais tu aimais il aimait n. aimions v. aimiez ils aimaient	j' aimai tu aimas il aima n. aimâmes v. aimâtes ils aimèrent	j' aimerai tu aimeras il aimera n. aimerons v. aimerez ils aimeront
8. **commencer** *commençant* *commencé*	je commence tu commences il commence n. commençons v. commencez ils commencent	je commençais tu commençais il commençait n. commencions v. commenciez ils commençaient	je commençai tu commenças il commença n. commençâmes v. commençâtes ils commencèrent	je commencerai tu commenceras il commencera n. commencerons v. commencerez ils commenceront
9. **manger** *mangeant* *mangé*	je mange tu manges il mange n. mangeons v. mangez ils mangent	je mangeais tu mangeais il mangeait n. mangions v. mangiez ils mangeaient	je mangeai tu mangeas il mangea n. mangeâmes v. mangeâtes ils mangèrent	je mangerai tu mangeras il mangera n. mangerons v. mangerez ils mangeront
10. **acheter** *achetant* *acheté*	j' achète tu achètes il achète n. achetons v. achetez ils achètent	j' achetais tu achetais il achetait n. achetions v. achetiez ils achetaient	j' achetai tu achetas il acheta n. achetâmes v. achetâtes ils achetèrent	j' achèterai tu achèteras il achètera n. achèterons v. achèterez ils achèteront
11. **appeler** *appelant* *appelé*	j' appelle tu appelles il appelle n. appelons v. appelez ils appellent	j' appelais tu appelais il appelait n. appelions v. appeliez ils appelaient	j' appelai tu appelas il appela n. appelâmes v. appelâtes ils appelèrent	j' appellerai tu appelleras il appellera n. appellerons v. appellerez ils appelleront
12. **préférer** *préférant* *préféré*	je préfère tu préfères il préfère n. préférons v. préférez ils préfèrent	je préférais tu préférais il préférait n. préférions v. préfériez ils préféraient	je préférai tu préféras il préféra n. préférâmes v. préférâtes ils préférèrent	je préférerai tu préféreras il préférera n. préférerons v. préférerez ils préféreront
13. **employer** *employant* *employé*	j' emploie tu emploies il emploie n. employons v. employez ils emploient	j' employais tu employais il employait n. employions v. employiez ils employaient	j' employai tu employas il employa n. employâmes v. employâtes ils employèrent	j' emploierai tu emploieras il emploiera n. emploierons v. emploierez ils emploieront

条件法	接続法		命令法	同型
現在	現在	半過去		
j' aimerais tu aimerais il aimerait n. aimerions v. aimeriez ils aimeraient	j' aime tu aimes il aime n. aimions v. aimiez ils aiment	j' aimasse tu aimasses il aimât n. aimassions v. aimassiez ils aimassent	aime aimons aimez	注 語尾 -er の動詞 (除：aller, envoyer) を**第一群規則動詞**と もいう．
je commencerais tu commencerais il commencerait n. commencerions v. commenceriez ils commenceraient	je commence tu commences il commence n. commencions v. commenciez ils commencent	je commençasse tu commençasses il commençât n. commençassions v. commençassiez ils commençassent	commence commençons commencez	**avancer effacer forcer lancer placer prononcer remplacer renoncer**
je mangerais tu mangerais il mangerait n. mangerions v. mangeriez ils mangeraient	je mange tu manges il mange n. mangions v. mangiez ils mangent	je mangeasse tu mangeasses il mangeât n. mangeassions v. mangeassiez ils mangeassent	mange mangeons mangez	**arranger changer charger déranger engager manger obliger voyager**
j' achèterais tu achèterais il achèterait n. achèterions v. achèteriez ils achèteraient	j' achète tu achètes il achète n. achetions v. achetiez ils achètent	j' achetasse tu achetasses il achetât n. achetassions v. achetassiez ils achetassent	achète achetons achetez	**achever amener enlever lever mener peser (se) promener**
j' appellerais tu appellerais il appellerait n. appellerions v. appelleriez ils appelleraient	j' appelle tu appelles il appelle n. appelions v. appeliez ils appellent	j' appelasse tu appelasses il appelât n. appelassions v. appelassiez ils appelassent	appelle appelons appelez	**jeter rappeler rejeter renouveler**
je préférerais tu préférerais il préférerait n. préférerions v. préféreriez ils préféreraient	je préfère tu préfères il préfère n. préférions v. préfériez ils préfèrent	je préférasse tu préférasses il préférât n. préférassions v. préférassiez ils préférassent	préfère préférons préférez	**considérer désespérer espérer inquiéter pénétrer posséder répéter sécher**
j' emploierais tu emploierais il emploierait n. emploierions v. emploieriez ils emploieraient	j' emploie tu emploies il emploie n. employions v. employiez ils emploient	j' employasse tu employasses il employât n. employassions v. employassiez ils employassent	emploie employons employez	**-oyer**(除：envoyer) **-uyer appuyer ennuyer essuyer nettoyer**

不定法 現在分詞 過去分詞	直 説 法			
	現 在	半 過 去	単純過去	単純未来
14. payer *payant* *payé*	je paye (paie) tu payes (paies) il paye (paie) n. payons v. payez ils payent (paient)	je payais tu payais il payait n. payions v. payiez ils payaient	je payai tu payas il paya n. payâmes v. payâtes ils payèrent	je payerai (paierai) tu payeras (*etc*. . . .) il payera n. payerons v. payerez ils payeront
15. envoyer *envoyant* *envoyé*	j' envoie tu envoies il envoie n. envoyons v. envoyez ils envoient	j' envoyais tu envoyais il envoyait n. envoyions v. envoyiez ils envoyaient	j' envoyai tu envoyas il envoya n. envoyâmes v. envoyâtes ils envoyèrent	j' **enverrai** tu **enverras** il **enverra** n. **enverrons** v. **enverrez** ils **enverront**
16. aller *allant* *allé*	je **vais** tu **vas** il **va** n. allons v. allez ils **vont**	j' allais tu allais il allait n. allions v. alliez ils allaient	j' allai tu allas il alla n. allâmes v. allâtes ils allèrent	j' **irai** tu **iras** il **ira** n. **irons** v. **irez** ils **iront**
17. finir *finissant* *fini*	je finis tu finis il finit n. finissons v. finissez ils finissent	je finissais tu finissais il finissait n. finissions v. finissiez ils finissaient	je finis tu finis il finit n. finîmes v. finîtes ils finirent	je finirai tu finiras il finira n. finirons v. finirez ils finiront
18. partir *partant* *parti*	je pars tu pars il part n. partons v. partez ils partent	je partais tu partais il partait n. partions v. partiez ils partaient	je partis tu partis il partit n. partîmes v. partîtes ils partirent	je partirai tu partiras il partira n. partirons v. partirez ils partiront
19. sentir *sentant* *senti*	je sens tu sens il sent n. sentons v. sentez ils sentent	je sentais tu sentais il sentait n. sentions v. sentiez ils sentaient	je sentis tu sentis il sentit n. sentîmes v. sentîtes ils sentirent	je sentirai tu sentiras il sentira n. sentirons v. sentirez ils sentiront
20. tenir *tenant* *tenu*	je tiens tu tiens il tient n. tenons v. tenez ils tiennent	je tenais tu tenais il tenait n. tenions v. teniez ils tenaient	je tins tu tins il tint n. tînmes v. tîntes ils tinrent	je **tiendrai** tu **tiendras** il **tiendra** n. **tiendrons** v. **tiendrez** ils **tiendront**

条件法	接続法		命令法	同型
現在	現在	半過去		
je payerais (paierais) tu payerais (etc....) il payerait n. payerions v. payeriez ils payeraient	je paye (paie) tu payes (paies) il paye (paie) n. payions v. payiez ils payent (paient)	je payasse tu payasses il payât n. payassions v. payassiez ils payassent	paie (paye) payons payez	[発音] je paye [ʒəpɛj], je paie [ʒəpɛ]; je payerai [ʒəpɛjre], je paierai [ʒəpɛre].
j' enverrais tu enverrais il enverrait n. enverrions v. enverriez ils enverraient	j' envoie tu envoies il envoie n. envoyions v. envoyiez ils envoient	j' envoyasse tu envoyasses il envoyât n. envoyassions v. envoyassiez ils envoyassent	envoie envoyons envoyez	注 未来, 条・現を除いては, 13 と同じ. **renvoyer**
j' irais tu irais il irait n. irions v. iriez ils **iraient**	j' **aille** tu **ailles** il **aille** n. allions v. alliez ils **aillent**	j' allasse tu allasses il allât n. allassions v. allassiez ils allassent	**va** allons allez	注 yがつくとき命令法・現在は vas: vas-y. 直・現・3人称複数に ont の語尾をもつものは他に ont(avoir), sont(être), font(faire)のみ.
je finirais tu finirais il finirait n. finirions v. finiriez ils finiraient	je finisse tu finisses il finisse n. finissions v. finissiez ils finissent	je finisse tu finisses il finît n. finissions v. finissiez ils finissent	finis finissons finissez	注 finir 型の動詞を第2群規則動詞という.
je partirais tu partirais il partirait n. partirions v. partiriez ils partiraient	je parte tu partes il parte n. partions v. partiez ils partent	je partisse tu partisses il partît n. partissions v. partissiez ils partissent	pars partons partez	注 助動詞は être. **sortir**
je sentirais tu sentirais il sentirait n. sentirions v. sentiriez ils sentiraient	je sente tu sentes il sente n. sentions v. sentiez ils sentent	je sentisse tu sentisses il sentît n. sentissions v. sentissiez ils sentissent	sens sentons sentez	注 18と助動詞を除けば同型.
je tiendrais tu tiendrais il tiendrait n. tiendrions v. tiendriez ils tiendraient	je tienne tu tiennes il tienne n. tenions v. teniez ils tiennent	je tinsse tu tinsses il tînt n. tinssions v. tinssiez ils tinssent	tiens tenons tenez	注 **venir 21** と同型, ただし, 助動詞は avoir.

不定法 現在分詞 過去分詞	直 説 法			
	現　在	半過去	単純過去	単純未来
21. venir *venant* *venu*	je viens tu viens il vient n. venons v. venez ils viennent	je venais tu venais il venait n. venions v. veniez ils venaient	je vins tu vins il vint n. vînmes v. vîntes ils vinrent	je **viendrai** tu **viendras** il **viendra** n. **viendrons** v. **viendrez** ils **viendront**
22. accueillir *accueillant* *accueilli*	j' **accueille** tu **accueilles** il **accueille** n. accueillons v. accueillez ils accueillent	j' accueillais tu accueillais il accueillait n. accueillions v. accueilliez ils accueillaient	j' accueillis tu accueillis il accueillit n. accueillîmes v. accueillîtes ils accueillirent	j' **accueillerai** tu **accueilleras** il **accueillera** n. **accueillerons** v. **accueillerez** ils **accueilleront**
23. ouvrir *ouvrant* *ouvert*	j' **ouvre** tu **ouvres** il **ouvre** n. ouvrons v. ouvrez ils ouvrent	j' ouvrais tu ouvrais il ouvrait n. ouvrions v. ouvriez ils ouvraient	j' ouvris tu ouvris il ouvrit n. ouvrîmes v. ouvrîtes ils ouvrirent	j' ouvrirai tu ouvriras il ouvrira n. ouvrirons v. ouvrirez ils ouvriront
24. courir *courant* *couru*	je cours tu cours il court n. courons v. courez ils courent	je courais tu courais il courait n. courions v. couriez ils couraient	je courus tu courus il courut n. courûmes v. courûtes ils coururent	je **courrai** tu **courras** il **courra** n. **courrons** v. **courrez** ils **courront**
25. mourir *mourant* *mort*	je meurs tu meurs il meurt n. mourons v. mourez ils meurent	je mourais tu mourais il mourait n. mourions v. mouriez ils mouraient	je mourus tu mourus il mourut n. mourûmes v. mourûtes ils moururent	je **mourrai** tu **mourras** il **mourra** n. **mourrons** v. **mourrez** ils **mourront**
26. acquérir *acquérant* *acquis*	j' acquiers tu acquiers il acquiert n. acquérons v. acquérez ils acquièrent	j' acquérais tu acquérais il acquérait n. acquérions v. acquériez ils acquéraient	j' acquis tu acquis il acquit n. acquîmes v. acquîtes ils acquirent	j' **acquerrai** tu **acquerras** il **acquerra** n. **acquerrons** v. **acquerrez** ils **acquerront**
27. fuir *fuyant* *fui*	je fuis tu fuis il fuit n. fuyons v. fuyez ils fuient	je fuyais tu fuyais il fuyait n. fuyions v. fuyiez ils fuyaient	je fuis tu fuis il fuit n. fuîmes v. fuîtes ils fuirent	je fuirai tu fuiras il fuira n. fuirons v. fuirez ils fuiront

条件法	接続法		命令法	同型
現在	現在	半過去		
je viendrais tu viendrais il viendrait n. viendrions v. viendriez ils viendraient	je vienne tu viennes il vienne n. venions v. veniez ils viennent	je vinsse tu vinsses il vînt n. vinssions v. vinssiez ils vinssent	viens venons venez	注助動詞は être. **devenir** **intervenir** **prévenir** **revenir** **(se) souvenir**
j' accueillerais tu accueillerais il accueillerait n. accueillerions v. accueilleriez ils accueilleraient	j' accueille tu accueilles il accueille n. accueillions v. accueilliez ils accueillent	j' accueillisse tu accueillisses il accueillît n. accueillissions v. accueillissiez ils accueillissent	**accueille** accueillons accueillez	**cueillir**
j' ouvrirais tu ouvrirais il ouvrirait n. ouvririons v. ouvririez ils ouvriraient	j' ouvre tu ouvres il ouvre n. ouvrions v. ouvriez ils ouvrent	j' ouvrisse tu ouvrisses il ouvrît n. ouvrissions v. ouvrissiez ils ouvrissent	**ouvre** ouvrons ouvrez	**couvrir** **découvrir** **offrir** **souffrir**
je courrais tu courrais il courrait n. courrions v. courriez ils courraient	je coure tu coures il coure n. courions v. couriez ils courent	je courusse tu courusses il courût n. courussions v. courussiez ils courussent	cours courons courez	**accourir**
je mourrais tu mourrais il mourrait n. mourrions v. mourriez ils mourraient	je meure tu meures il meure n. mourions v. mouriez ils meurent	je mourusse tu mourusses il mourût n. mourussions v. mourussiez ils mourussent	meurs mourons mourez	注助動詞は être.
j' acquerrais tu acquerrais il acquerrait n. acquerrions v. acquerriez ils acquerraient	j' acquière tu acquières il acquière n. acquérions v. acquériez ils acquièrent	j' acquisse tu acquisses il acquît n. acquissions v. acquissiez ils acquissent	acquiers acquérons acquérez	**conquérir**
je fuirais tu fuirais il fuirait n. fuirions v. fuiriez ils fuiraient	je fuie tu fuies il fuie n. fuyions v. fuyiez ils fuient	je fuisse tu fuisses il fuît n. fuissions v. fuissiez ils fuissent	fuis fuyons fuyez	**s'enfuir**

不定法 現在分詞 過去分詞	直　説　法			
	現　在	半過去	単純過去	単純未来
28. rendre *rendant* *rendu*	je rends tu rends il **rend** n. rendons v. rendez ils rendent	je rendais tu rendais il rendait n. rendions v. rendiez ils rendaient	je rendis tu rendis il rendit n. rendîmes v. rendîtes ils rendirent	je rendrai tu rendras il rendra n. rendrons v. rendrez ils rendront
29. prendre *prenant* *pris*	je prends tu prends il **prend** n. prenons v. prenez ils prennent	je prenais tu prenais il prenait n. prenions v. preniez ils prenaient	je pris tu pris il prit n. prîmes v. prîtes ils prirent	je prendrai tu prendras il prendra n. prendrons v. prendrez ils prendront
30. craindre *craignant* *craint*	je crains tu crains il craint n. craignons v. craignez ils craignent	je craignais tu craignais il craignait n. craignions v. craigniez ils craignaient	je craignis tu craignis il craignit n. craignîmes v. craignîtes ils craignirent	je craindrai tu craindras il craindra n. craindrons v. craindrez ils craindront
31. faire *faisant* *fait*	je fais tu fais il fait n. faisons v. **faites** ils **font**	je faisais tu faisais il faisait n. faisions v. faisiez ils faisaient	je fis tu fis il fit n. fîmes v. fîtes ils firent	je **ferai** tu **feras** il **fera** n. **ferons** v. **ferez** ils **feront**
32. dire *disant* *dit*	je dis tu dis il dit n. disons v. **dites** ils disent	je disais tu disais il disait n. disions v. disiez ils disaient	je dis tu dis il dit n. dîmes v. dîtes ils dirent	je dirai tu diras il dira n. dirons v. direz ils diront
33. lire *lisant* *lu*	je lis tu lis il lit n. lisons v. lisez ils lisent	je lisais tu lisais il lisait n. lisions v. lisiez ils lisaient	je lus tu lus il lut n. lûmes v. lûtes ils lurent	je lirai tu liras il lira n. lirons v. lirez ils liront
34. suffire *suffisant* *suffi*	je suffis tu suffis il suffit n. suffisons v. suffisez ils suffisent	je suffisais tu suffisais il suffisait n. suffisions v. suffisiez ils suffisaient	je suffis tu suffis il suffit n. suffîmes v. suffîtes ils suffirent	je suffirai tu suffiras il suffira n. suffirons v. suffirez ils suffiront

条件法	接続法		命令法	同型
現在	現在	半過去		
je rendrais tu rendrais il rendrait n. rendrions v. rendriez ils rendraient	je rende tu rendes il rende n. rendions v. rendiez ils rendent	je rendisse tu rendisses il rendît n. rendissions v. rendissiez ils rendissent	rends rendons rendez	**attendre descendre entendre pendre perdre répandre répondre vendre**
je prendrais tu prendrais il prendrait n. prendrions v. prendriez ils prendraient	je prenne tu prennes il prenne n. prenions v. preniez ils prennent	je prisse tu prisses il prît n. prissions v. prissiez ils prissent	prends prenons prenez	**apprendre comprendre entreprendre reprendre surprendre**
je craindrais tu craindrais il craindrait n. craindrions v. craindriez ils craindraient	je craigne tu craignes il craigne n. craignions v. craigniez ils craignent	je craignisse tu craignisses il craignît n. craignissions v. craignissiez ils craignissent	crains craignons craignez	**atteindre éteindre joindre peindre plaindre**
je ferais tu ferais il ferait n. ferions v. feriez ils feraient	je **fasse** tu **fasses** il **fasse** n. **fassions** v. **fassiez** ils **fassent**	je fisse tu fisses il fît n. fissions v. fissiez ils fissent	fais faisons **faites**	**défaire refaire satisfaire** 注fais-[f(ə)z-]
je dirais tu dirais il dirait n. dirions v. diriez ils diraient	je dise tu dises il dise n. disions v. disiez ils disent	je disse tu disses il dît n. dissions v. dissiez ils dissent	dis disons **dites**	**redire**
je lirais tu lirais il lirait n. lirions v. liriez ils liraient	je lise tu lises il lise n. lisions v. lisiez ils lisent	je lusse tu lusses il lût n. lussions v. lussiez ils lussent	lis lisons lisez	**relire élire**
je suffirais tu suffirais il suffirait n. suffirions v. suffiriez ils suffiraient	je suffise tu suffises il suffise n. suffisions v. suffisiez ils suffisent	je suffisse tu suffisses il suffît n. suffissions v. suffissiez ils suffissent	suffis suffisons suffisez	

不定法 現在分詞 過去分詞	直説法 現在	半過去	単純過去	単純未来
35. conduire *conduisant* *conduit*	je conduis tu conduis il conduit n. conduisons v. conduisez ils conduisent	je conduisais tu conduisais il conduisait n. conduisions v. conduisiez ils conduisaient	je conduisis tu conduisis il conduisit n. conduisîmes v. conduisîtes ils conduisirent	je conduirai tu conduiras il conduira n. conduirons v. conduirez ils conduiront
36. plaire *plaisant* *plu*	je plais tu plais il **plaît** n. plaisons v. plaisez ils plaisent	je plaisais tu plaisais il plaisait n. plaisions v. plaisiez ils plaisaient	je plus tu plus il plut n. plûmes v. plûtes ils plurent	je plairai tu plairas il plaira n. plairons v. plairez ils plairont
37. coudre *cousant* *cousu*	je couds tu couds il coud n. cousons v. cousez ils cousent	je cousais tu cousais il cousait n. cousions v. cousiez ils cousaient	je cousis tu cousis il cousit n. cousîmes v. cousîtes ils cousirent	je coudrai tu coudras il coudra n. coudrons v. coudrez ils coudront
38. suivre *suivant* *suivi*	je suis tu suis il suit n. suivons v. suivez ils suivent	je suivais tu suivais il suivait n. suivions v. suiviez ils suivaient	je suivis tu suivis il suivit n. suivîmes v. suivîtes ils suivirent	je suivrai tu suivras il suivra n. suivrons v. suivrez ils suivront
39. vivre *vivant* *vécu*	je vis tu vis il vit n. vivons v. vivez ils vivent	je vivais tu vivais il vivait n. vivions v. viviez ils vivaient	je vécus tu vécus il vécut n. vécûmes v. vécûtes ils vécurent	je vivrai tu vivras il vivra n. vivrons v. vivrez ils vivront
40. écrire *écrivant* *écrit*	j' écris tu écris il écrit n. écrivons v. écrivez ils écrivent	j' écrivais tu écrivais il écrivait n. écrivions v. écriviez ils écrivaient	j' écrivis tu écrivis il écrivit n. écrivîmes v. écrivîtes ils écrivirent	j' écrirai tu écriras il écrira n. écrirons v. écrirez ils écriront
41. boire *buvant* *bu*	je bois tu bois il boit n. buvons v. buvez ils boivent	je buvais tu buvais il buvait n. buvions v. buviez ils buvaient	je bus tu bus il but n. bûmes v. bûtes ils burent	je boirai tu boiras il boira n. boirons v. boirez ils boiront

条件法	接続法		命令法	同型
現在	現在	半過去		
je conduirais tu conduirais il conduirait n. conduirions v. conduiriez ils conduiraient	je conduise tu conduises il conduise n. conduisions v. conduisiez ils conduisent	je conduisisse tu conduisisses il conduisît n. conduisissions v. conduisissiez ils conduisissent	conduis conduisons conduisez	**construire** **cuire** **détruire** **instruire** **introduire** **produire** **traduire**
je plairais tu plairais il plairait n. plairions v. plairiez ils plairaient	je plaise tu plaises il plaise n. plaisions v. plaisiez ils plaisent	je plusse tu plusses il plût n. plussions v. plussiez ils plussent	plais plaisons plaisez	**déplaire** **(se) taire** (ただし il se tait)
je coudrais tu coudrais il coudrait n. coudrions v. coudriez ils coudraient	je couse tu couses il couse n. cousions v. cousiez ils cousent	je cousisse tu cousisses il cousît n. cousissions v. cousissiez ils cousissent	couds cousons cousez	
je suivrais tu suivrais il suivrait n. suivrions v. suivriez ils suivraient	je suive tu suives il suive n. suivions v. suiviez ils suivent	je suivisse tu suivisses il suivît n. suivissions v. suivissiez ils suivissent	suis suivons suivez	**poursuivre**
je vivrais tu vivrais il vivrait n. vivrions v. vivriez ils vivraient	je vive tu vives il vive n. vivions v. viviez ils vivent	je vécusse tu vécusses il vécût n. vécussions v. vécussiez ils vécussent	vis vivons vivez	
j' écrirais tu écrirais il écrirait n. écririons v. écririez ils écriraient	j' écrive tu écrives il écrive n. écrivions v. écriviez ils écrivent	j' écrivisse tu écrivisses il écrivît n. écrivissions v. écrivissiez ils écrivissent	écris écrivons écrivez	**décrire** **inscrire**
je boirais tu boirais il boirait n. boirions v. boiriez ils boiraient	je boive tu boives il boive n. buvions v. buviez ils boivent	je busse tu busses il bût n. bussions v. bussiez ils bussent	bois buvons buvez	

不定法 現在分詞 過去分詞	直 説 法			
	現　在	半　過　去	単純過去	単純未来
42. résoudre *résolvant* *résolu*	je résous tu résous il résout n. résolvons v. résolvez ils résolvent	je résolvais tu résolvais il résolvait n. résolvions v. résolviez ils résolvaient	je résolus tu résolus il résolut n. résolûmes v. résolûtes ils résolurent	je résoudrai tu résoudras il résoudra n. résoudrons v. résoudrez ils résoudront
43. connaître *connaissant* *connu*	je connais tu connais il **connaît** n. connaissons v. connaissez ils connaissent	je connaissais tu connaissais il connaissait n. connaissions v. connaissiez ils connaissaient	je connus tu connus il connut n. connûmes v. connûtes ils connurent	je connaîtrai tu connaîtras il connaîtra n. connaîtrons v. connaîtrez ils connaîtront
44. naître *naissant* *né*	je nais tu nais il **naît** n. naissons v. naissez ils naissent	je naissais tu naissais il naissait n. naissions v. naissiez ils naissaient	je naquis tu naquis il naquit n. naquîmes v. naquîtes ils naquirent	je naîtrai tu naîtras il naîtra n. naîtrons v. naîtrez ils naîtront
45. croire *croyant* *cru*	je crois tu crois il croit n. croyons v. croyez ils croient	je croyais tu croyais il croyait n. croyions v. croyiez ils croyaient	je crus tu crus il crut n. crûmes v. crûtes ils crurent	je croirai tu croiras il croira n. croirons v. croirez ils croiront
46. battre *battant* *battu*	je bats tu bats il **bat** n. battons v. battez ils battent	je battais tu battais il battait n. battions v. battiez ils battaient	je battis tu battis il battit n. battîmes v. battîtes ils battirent	je battrai tu battras il battra n. battrons v. battrez ils battront
47. mettre *mettant* *mis*	je mets tu mets il **met** n. mettons v. mettez ils mettent	je mettais tu mettais il mettait n. mettions v. mettiez ils mettaient	je mis tu mis il mit n. mîmes v. mîtes ils mirent	je mettrai tu mettras il mettra n. mettrons v. mettrez ils mettront
48. rire *riant* *ri*	je ris tu ris il rit n. rions v. riez ils rient	je riais tu riais il riait n. riions v. riiez ils riaient	je ris tu ris il rit n. rîmes v. rîtes ils rirent	je rirai tu riras il rira n. rirons v. rirez ils riront

条件法	接続法		命令法	同型
現在	現在	半過去		
je résoudrais tu résoudrais il résoudrait n. résoudrions v. résoudriez ils résoudraient	je résolve tu résolves il résolve n. résolvions v. résolviez ils résolvent	je résolusse tu résolusses il résolût n. résolussions v. résolussiez ils résolussent	résous résolvons résolvez	
je connaîtrais tu connaîtrais il connaîtrait n. connaîtrions v. connaîtriez ils connaîtraient	je connaisse tu connaisses il connaisse n. connaissions v. connaissiez ils connaissent	je connusse tu connusses il connût n. connussions v. connussiez ils connussent	connais connaissons connaissez	注tの前にくるとき i→î. **apparaître** **disparaître** **paraître** **reconnaître**
je naîtrais tu naîtrais il naîtrait n. naîtrions v. naîtriez ils naîtraient	je naisse tu naisses il naisse n. naissions v. naissiez ils naissent	je naquisse tu naquisses il naquît n. naquissions v. naquissiez ils naquissent	nais naissons naissez	注tの前にくるとき i→î. 助動詞はêtre.
je croirais tu croirais il croirait n. croirions v. croiriez ils croiraient	je croie tu croies il croie n. croyions v. croyiez ils croient	je crusse tu crusses il crût n. crussions v. crussiez ils crussent	crois croyons croyez	
je battrais tu battrais il battrait n. battrions v. battriez ils battraient	je batte tu battes il batte n. battions v. battiez ils battent	je battisse tu battisses il battît n. battissions v. battissiez ils battissent	bats battons battez	**abattre** **combattre**
je mettrais tu mettrais il mettrait n. mettrions v. mettriez ils mettraient	je mette tu mettes il mette n. mettions v. mettiez ils mettent	je misse tu misses il mît n. missions v. missiez ils missent	mets mettons mettez	**admettre** **commettre** **permettre** **promettre** **remettre**
je rirais tu rirais il rirait n. ririons v. ririez ils riraient	je rie tu ries il rie n. riions v. riiez ils rient	je risse tu risses il rît n. rissions v. rissiez ils rissent	ris rions riez	**sourire**

不定法 現在分詞 過去分詞	直 説 法			
	現　在	半過去	単純過去	単純未来
49. conclure *concluant* *conclu*	je conclus tu conclus il conclut n. concluons v. concluez ils concluent	je concluais tu concluais il concluait n. concluions v. concluiez ils concluaient	je conclus tu conclus il conclut n. conclûmes v. conclûtes ils conclurent	je conclurai tu concluras il conclura n. conclurons v. conclurez ils concluront
50. rompre *rompant* *rompu*	je romps tu romps il rompt n. rompons v. rompez ils rompent	je rompais tu rompais il rompait n. rompions v. rompiez ils rompaient	je rompis tu rompis il rompit n. rompîmes v. rompîtes ils rompirent	je romprai tu rompras il rompra n. romprons v. romprez ils rompront
51. vaincre *vainquant* *vaincu*	je vaincs tu vaincs il **vainc** n. vainquons v. vainquez ils vainquent	je vainquais tu vainquais il vainquait n. vainquions v. vainquiez ils vainquaient	je vainquis tu vainquis il vainquit n. vainquîmes v. vainquîtes ils vainquirent	je vaincrai tu vaincras il vaincra n. vaincrons v. vaincrez ils vaincront
52. recevoir *recevant* *reçu*	je reçois tu reçois il reçoit n. recevons v. recevez ils reçoivent	je recevais tu recevais il recevait n. recevions v. receviez ils recevaient	je reçus tu reçus il reçut n. reçûmes v. reçûtes ils reçurent	je **recevrai** tu **recevras** il **recevra** n. **recevrons** v. **recevrez** ils **recevront**
53. devoir *devant* *dû* (due, dus, dues)	je dois tu dois il doit n. devons v. devez ils doivent	je devais tu devais il devait n. devions v. deviez ils devaient	je dus tu dus il dut n. dûmes v. dûtes ils durent	je **devrai** tu **devras** il **devra** n. **devrons** v. **devrez** ils **devront**
54. pouvoir *pouvant* *pu*	je **peux (puis)** tu **peux** il peut n. pouvons v. pouvez ils peuvent	je pouvais tu pouvais il pouvait n. pouvions v. pouviez ils pouvaient	je pus tu pus il put n. pûmes v. pûtes ils purent	je **pourrai** tu **pourras** il **pourra** n. **pourrons** v. **pourrez** ils **pourront**
55. émouvoir *émouvant* *ému*	j' émeus tu émeus il émeut n. émouvons v. émouvez ils émeuvent	j' émouvais tu émouvais il émouvait n. émouvions v. émouviez ils émouvaient	j' émus tu émus il émut n. émûmes v. émûtes ils émurent	j' **émouvrai** tu **émouvras** il **émouvra** n. **émouvrons** v. **émouvrez** ils **émouvront**

条件法	接続法		命令法	同型
現在	現在	半過去		
je conclurais tu conclurais il conclurait n. conclurions v. concluriez ils concluraient	je conclue tu conclues il conclue n. concluions v. concluiez ils concluent	je conclusse tu conclusses il conclût n. conclussions v. conclussiez ils conclussent	conclus concluons concluez	
je romprais tu romprais il romprait n. romprions v. rompriez ils rompraient	je rompe tu rompes il rompe n. rompions v. rompiez ils rompent	je rompisse tu rompisses il rompît n. rompissions v. rompissiez ils rompissent	romps rompons rompez	**interrompre**
je vaincrais tu vaincrais il vaincrait n. vaincrions v. vaincriez ils vaincraient	je vainque tu vainques il vainque n. vainquions v. vainquiez ils vainquent	je vainquisse tu vainquisses il vainquît n. vainquissions v. vainquissiez ils vainquissent	vaincs vainquons vainquez	**convaincre**
je recevrais tu recevrais il recevrait n. recevrions v. recevriez ils recevraient	je reçoive tu reçoives il reçoive n. recevions v. receviez ils reçoivent	je reçusse tu reçusses il reçût n. reçussions v. reçussiez ils reçussent	reçois recevons recevez	**apercevoir** **concevoir**
je devrais tu devrais il devrait n. devrions v. devriez ils devraient	je doive tu doives il doive n. devions v. deviez ils doivent	je dusse tu dusses il dût n. dussions v. dussiez ils dussent	dois devons devez	注 命令法はほとんど用いられない．
je pourrais tu pourrais il pourrait n. pourrions v. pourriez ils pourraient	je **puisse** tu **puisses** il **puisse** n. **puissions** v. **puissiez** ils **puissent**	je pusse tu pusses il pût n. pussions v. pussiez ils pussent		注 命令法はない．
j' émouvrais tu émouvrais il émouvrait n. émouvrions v. émouvriez ils émouvraient	j' émeuve tu émeuves il émeuve n. émouvions v. émouviez ils émeuvent	j' émusse tu émusses il émût n. émussions v. émussiez ils émussent	émeus émouvons émouvez	**mouvoir** ただし過去分詞は mû (mue, mus, mues)

不定法 現在分詞 過去分詞	直 説 法			
	現　　在	半　過　去	単 純 過 去	単 純 未 来
56. savoir *sachant* *su*	je　sais tu　sais il　sait n.　savons v.　savez ils　savent	je　savais tu　savais il　savait n.　savions v.　saviez ils　savaient	je　sus tu　sus il　sut n.　sûmes v.　sûtes ils　surent	je　**saurai** tu　**sauras** il　**saura** n.　**saurons** v.　**saurez** ils　**sauront**
57. voir *voyant* *vu*	je　vois tu　vois il　voit n.　voyons v.　voyez ils　voient	je　voyais tu　voyais il　voyait n.　voyions v.　voyiez ils　voyaient	je　vis tu　vis il　vit n.　vîmes v.　vîtes ils　virent	je　**verrai** tu　**verras** il　**verra** n.　**verrons** v.　**verrez** ils　**verront**
58. vouloir *voulant* *voulu*	je　**veux** tu　**veux** il　veut n.　voulons v.　voulez ils　veulent	je　voulais tu　voulais il　voulait n.　voulions v.　vouliez ils　voulaient	je　voulus tu　voulus il　voulut n.　voulûmes v.　voulûtes ils　voulurent	je　**voudrai** tu　**voudras** il　**voudra** n.　**voudrons** v.　**voudrez** ils　**voudront**
59. valoir *valant* *valu*	je　**vaux** tu　**vaux** il　vaut n.　valons v.　valez ils　valent	je　valais tu　valais il　valait n.　valions v.　valiez ils　valaient	je　valus tu　valus il　valut n.　valûmes v.　valûtes ils　valurent	je　**vaudrai** tu　**vaudras** il　**vaudra** n.　**vaudrons** v.　**vaudrez** ils　**vaudront**
60. s'asseoir *s'asseyant*[1] *assis*	je　m'assieds[1] tu　t'assieds il　**s'assied** n. n. asseyons v. v. asseyez ils　s'asseyent	je　m'asseyais[1] tu　t'asseyais il　s'asseyait n. n. asseyions v. v. asseyiez ils　s'asseyaient	je　m'assis tu　t'assis il　s'assit n. n. assîmes v. v. assîtes ils　s'assirent	je　m'**assiérai**[1] tu　t'**assiéras** il　s'**assiéra** n. n. **assiérons** v. v. **assiérez** ils　s'**assiéront**
s'assoyant[2]	je　m'assois[2] tu　t'assois il　s'assoit n. n. assoyons v. v. assoyez ils　s'assoient	je　m'assoyais[2] tu　t'assoyais il　s'assoyait n. n. assoyions v. v. assoyiez ils　s'assoyaient		je　m'**assoirai**[2] tu　t'**assoiras** il　s'**assoira** n. n. **assoirons** v. v. **assoirez** ils　s'**assoiront**
61. pleuvoir *pleuvant* *plu*	il　pleut	il　pleuvait	il　plut	il　**pleuvra**
62. falloir *fallu*	il　faut	il　fallait	il　fallut	il　**faudra**

条件法	接続法		命令法	同型
現在	現在	半過去		
je saurais tu saurais il saurait n. saurions v. sauriez ils sauraient	je **sache** tu **saches** il **sache** n. **sachions** v. **sachiez** ils **sachent**	je susse tu susses il sût n. sussions v. sussiez ils sussent	**sache** **sachons** **sachez**	
je verrais tu verrais il verrait n. verrions v. verriez ils verraient	je voie tu voies il voie n. voyions v. voyiez ils voient	je visse tu visses il vît n. vissions v. vissiez ils vissent	vois voyons voyez	**revoir**
je voudrais tu voudrais il voudrait n. voudrions v. voudriez ils voudraient	je **veuille** tu **veuilles** il **veuille** n. voulions v. vouliez ils **veuillent**	je voulusse tu voulusses il voulût n. voulussions v. voulussiez ils voulussent	**veuille** **veuillons** **veuillez**	
je vaudrais tu vaudrais il vaudrait n. vaudrions v. vaudriez ils vaudraient	je **vaille** tu **vailles** il **vaille** n. valions v. valiez ils **vaillent**	je valusse tu valusses il valût n. valussions v. valussiez ils valussent		注 命令法はほとんど用いられない.
je m'assiérais[1] tu t'assiérais il s'assiérait n. n. assiérions v. v. assiériez ils s'assiéraient	je m'asseye[1] tu t'asseyes il s'asseye n. n. asseyions v. v. asseyiez ils s'asseyent	j' m'assisse tu t'assisses il s'assît n. n. assissions v. v. assissiez ils s'assissent	assieds-toi[1] asseyons-nous asseyez-vous	注 時称により2種の活用があるが, (1)は古来の活用で, (2)は俗語調である. (1)の方が多く使われる.
je m'assoirais[2] tu t'assoirais il s'assoirait n. n. assoirions v. v. assoiriez ils s'assoiraient	je m'assoie[2] tu t'assoies il s'assoie n. n. assoyions v. v. assoyiez ils s'assoient		assois-toi[2] assoyons-nous assoyez-vous	
il pleuvrait	il pleuve	il plût		注 命令法はない.
il faudrait	il **faille**	il fallût		注 命令法・現在分詞はない.